ESSAI

SUR

LA CERTITUDE MORALE

En Apologétique

PAR

L'Abbé Rambert FAURE

de la Maison des Chartreux

LYON

LIBRAIRIE GÉNÉRALE CATHOLIQUE ET CLASSIQUE

Emmanuel VITTE, Directeur

Imprimeur-libraire de l'Archevêché et des Facultés catholiques.

3, PLACE BELLECOUR, 3

—

1897

ESSAI

SUR

LA CERTITUDE MORALE EN APOLOGÉTIQUE

BIBLIOGRAPHIE

PRINCIPAUX OUVRAGES CITÉS

La *Certitude morale*, par M. OLLÉ-LAPRUNE. Belin, Paris, 1882.

Du Doute, par M. DE COSSOLES. Didier, Paris, 3e édition, 1876.

Philosophie de M. Balfour, par M. REY. Lethielleux, Paris. *Science et Religion*, par M. BRUNETIÈRE. Firmin-Didot, Paris.

Les Bases de la Croyance, par M. BALFOUR, et préface par M. BRUNETIÈRE. Montgredien, Paris, 1896.

La Démonstration scientifique de l'existence de Dieu, par M. l'abbé FRÉMONT. Oudin, Paris, 1897.

ESSAI

SUR

LA CERTITUDE MORALE

En Apologétique

PAR

L'ABBÉ RAMBERT FAURE

de la Maison des Chartreux.

LYON

LIBRAIRIE GÉNÉRALE CATHOLIQUE ET CLASSIQUE

Emmanuel VITTE, Directeur

Imprimeur-libraire de l'Archevéché et des Facultés catholiques.

3, PLACE BELLECOUR, 3

—

1897

INTRODUCTION

Entre le christianisme et le rationalisme
c'est une lutte à mort : ils sont, par essence,
la négation l'un de l'autre. Le surnaturel est
impossible; tel est, en effet, l'axiome fonda-
mental, le principe constitutif du rationalisme; et, comme, d'autre part, le christianisme se dit surnaturel dans son origine, ses
preuves, sa doctrine, ses effets, il s'ensuit
que l'un d'eux ne peut s'affirmer vrai sans
nier l'autre du même coup.

Mais le rationalisme n'est pas tout entier
dans cet *a priori* philosophique, dont la réfu-
tation a été si souvent faite que nous ne la
rappellerons même pas; il comprend encore
divers arguments, divers aperçus doctrinaux,
diverses assertions, qui tous d'ailleurs tendent
au même but, la négation du christianisme.

C'est à quelques-unes de ces assertions qu'essaie de répondre cette petite étude sur la certitude morale ; exposons-les, afin de mieux déterminer et faire connaître la portée de ce travail.

Le surnaturel serait-il possible, nous disent les rationalistes, et le christianisme serait-il surnaturel, qu'on ne peut le démontrer. Le christianisme, comme toute vérité morale, ne peut avoir de vraie démonstration. Kant le disait il y a longtemps : « Le maître du monde se laisse plutôt conjecturer qu'apercevoir et prouver clairement son existence (1). » Ainsi donc, la vérité essentielle, base de toutes les vérités morales et religieuses, l'existence de Dieu n'est qu'une conjecture. Mais une vérité conjecturée, c'est le doute, ou tout au plus la probabilité ; ce n'est pas la vérité démontrée.

S'il en est ainsi de l'existence de Dieu, que faut-il penser des autres vérités morales ? M. Caro va nous le dire : « Les vérités mo-

(1) *Critique de la raison pratique*, p. 370.

« rales n'ont ni la rigueur ni l'absolue évi-
« dence des vérités scientifiques ; elles ne
« sauraient s'imposer aux esprits sévères et
« exigeants (1). »

Cette affirmation nous la trouvons aussi
dans Littré, mais accompagnée cette fois de
la raison qui semble la fortifier. « Tandis que
« les vérités scientifiques, une fois constatées
« et reconnues, s'imposent définitivement à
« tous les esprits, la vérité du christianisme,
« après dix-huit cents ans d'existence, est au-
« jourd'hui plus controversée que jamais.
« Montrer présentement que causes pre-
« mières et causes finales sont placées en
« dehors de l'esprit humain, et que la recher-
« che doit en être abandonnée, est un lieu
« commun. L'expérience en témoigne : depuis
« tant de siècles que les génies les plus pro-
« fonds agitent ces insolubles questions, elles
« n'ont pas fait un pas, et le fond même est
« toujours en débat comme le premier jour.
« C'est faire preuve de faiblesse que de s'es-

(1) Caro, *Revue des Deux Mondes*, 15 mars 1865.

« sayer à un labeur que l'on ne peut accom-
« plir (1). »

Ainsi c'est bien entendu : le christianisme,
comme toutes les vérités morales, ne peut se
démontrer, puisque malgré des démonstrations très souvent tentées, même par de
grands génies, des esprits nombreux ne se
sont pas rendus à ces vérités. Une vérité
véritablement démontrée produit un assentiment unanime, universel.

Voici donc une première assertion nettement formulée ; la démonstration chrétienne
n'est pas possible. — Mais ici une difficulté
se présente au rationalisme : Si la vérité chrétienne n'est pas démontrable, si l'apologétique chrétienne ne peut arriver à une véritable certitude, on comprend très bien que
tous n'y aient pas cru, mais on comprend
moins, qu'à toutes les époques et dans tous
les pays, des hommes nombreux, de toutes
situations et de toute culture intellectuelle y
aient adhéré !

(1) LITTRÉ, *Par. de philosophie positive,* p. 27.

A cette difficulté, le rationalisme donne une réponse. C'est que, nous dit-il, la vérité est relative, subjective, personnelle. Jean-Jacques Rousseau le pensait : « Mes opinions « les plus vraies peuvent être autant de men- « songes ; je puis être dans l'erreur, mais « c'est la vérité pour moi (1). » Et il ajoutait, en parlant de la révélation : « Je ne l'admets « ni ne la rejette : d'autres hommes ont pu « décider... Je raisonne pour moi et non pour « eux : leur jugement peut être meilleur que « le mien ; ce n'est pas ma faute si ce n'est « pas le mien (2). »

« L'homme objective sa pensée, nous dit « un autre auteur plus récent ; la vérité est « relative, et chacun la crée pour soi-même ; « la foi n'est pas une conclusion démontrable ; « la croyance s'impose à certaines disposi- « tions morales, et reste pour d'autres abso- « lument inadmissible. Le vrai enfin, c'est

---

(1) ROUSSEAU, *Émile*, t. III, p. 128, édit. d'Amster· dam.

(2) ROUSSEAU, *Émile*, t. III, p. 178, édit. d'Amster dam.

« pour chacun ce qui lui paraît vrai (1). » Et
M. Caro, dans son livre remarquable, *l'Idée
de Dieu*, nous dit avec sa haute compétence :
« La marque la plus générale par où je re-
« connais l'esprit nouveau, c'est l'opinion
« partout répandue que la vérité est essen-
« tiellement relative (2). »

Si donc le christianisme, qui n'est ni démontré ni démontrable, a cependant des
adeptes, c'est que la vérité étant essentiellement relative, ces adeptes ont trouvé vrai
pour eux, ce qui, en soi et pour les autres,
ne l'était pas, certain, ce qui, en soi, ne peut
l'être, démontré, ce qui n'est pas démontrable. Et les causes de ce choix purement
subjectif, ce sont, M. Milsand nous l'a indi-
qué, certaines dispositions morales.

Plus près de nous, par une brochure re-
tentissante qui eut la singulière fortune de
choquer les adversaires du christianisme, et
de procurer tour à tour de la joie et du scan-

---

(1) Cité par de Cossoles, *Doute*, préf., 3e édit., p. XIII.
(2) Caro, *l'Idée de Dieu*, p. 13, 2e édition.

dale aux croyants, M. Brunetière a insisté
fortement sur ces dispositions morales, et
exagéré singulièrement leur rôle et leur influence. « La foi, dit-il, n'est affaire ni de
« raisonnement ni d'expérience. On ne dé-
« montre pas la divinité du Christ; on l'af-
« firme ou on la nie ; on y croit, ou on n'y
« croit pas, comme à l'immortalité de l'âme,
« comme à l'existence de Dieu. » Et dans des
notes qui accompagnèrent la deuxième édition de la brochure et répondirent à un article
de l'éminent et regretté Mgr d'Hulst, il
ajouta : « Je persiste à penser que l'on ne
« démontre l'immortalité de l'âme ni l'exis-
« tence de Dieu; c'était l'opinion de Kant,
« c'était également l'opinion de Pascal, et j'ai
« bien le *droit* de me tromper avec eux ! » Puis,
parlant de la nature de la foi, il dit : « J'avoue
« qu'en y reconnaissant une adhésion de l'in-
« telligence à des vérités conçues comme
« rationnelles, j'y vois d'abord un acte ou une
« décision de la volonté. Je n'ai dit nulle part
« que l'on crût sans raison de croire, mais il

« ne me paraît pas que cette raison ou ces
« raisons de croire soient de l'ordre intellec-
« tuel. On croit, parce que l'on veut croire,
« pour des raisons de l'ordre moral... (1) »

Nous avons devant nous une nouvelle assertion rationaliste qui complète la précédente :
les vérités morales, la vérité du christianisme
ne se démontrent pas. Mais, parce que la
vérité est relative et subjective, ces vérités
non démontrées et non démontrables peuvent
cependant être acceptées par certaines per-
sonnes, par suite de leurs dispositions morales et d'une décision de leur volonté.

Et le rationalisme ajoute, dans une troisième
assertion qu'il nous faut relever : l'absence
de démonstration et de certitude relativement
aux vérités morales et religieuses, est une
condition nécessaire pour la liberté et le mérite de la foi. « Si nous possédions la vérité
« avec certitude comme quelques-uns croient
« la posséder, Dieu et l'éternité seraient sans

(1) Brunetière, *Science et religion*, 2ᵉ édit., p. 61, 62
et notes.

« cesse devant nos yeux, car ce que nous
« pouvons parfaitement prouver a une certi-
« tude égale à celle dont nous pourrions nous
« assurer par les yeux : la conduite de l'homme
« dégénérerait en un pur mécanisme, et,
« comme dans un jeu de marionnettes, tout
« gesticulerait bien, mais on chercherait en
« vain la vie (1). »

L'opinion kantiste, sur ce point comme sur
beaucoup d'autres, a prévalu dans nos écoles,
et l'un de nos philosophes a dit à son tour :
« Une philosophie rigoureuse serait toujours
fataliste » (2).

Or, à cette triple assertion rationaliste,
l'Eglise oppose une triple affirmation dog-
matique : « Si quis dixerit Deum unum et ve-
« rum, creatorem et dominum nostrum per
« ea quæ facta sunt, naturali rationis hu-
« manæ lumine, *certo cognosci* non posse,
« anathema sit » (3). — « Si quis dixerit *reve-*

(1) *Critique de la raison pratique*, trad. Barni, p. 369.
(2) Schérer. *Mélanges de critique religieuse*, p. 186.
(3) C. Vatic. *Constitutio dogmat., can. 1 de Revela-tione.*

« *lationem* divinam externis signis *credibilem*
« *fieri* non posse, ideoque solà internâ cu-
« jusque experientiâ aut inspiratione privatâ,
« homines ad fidem moveri debere, anathema
« sit » (1). — Si quis dixerit assensum fidei
« non esse *liberum*, sed argumentis rationis
« necessario produci, etc., anathema sit » (2).

Ainsi donc, l'acte de foi n'est pas contraint,
et l'assentiment donné aux vérités morales
est libre lui aussi en un sens que nous déter-
minerons plus tard : l'Eglise nous l'enseigne
et ne l'aurait-elle pas enseigné, que l'expérience nous en aurait instruits.

Néanmoins, malgré le caractère libre de
cet assentiment, caractère dû, nous le verrons, à l'intervention des facultés morales,
les vérités morales et la vérité du christianisme sont susceptibles d'une véritable démonstration et d'une véritable certitude :
l'Eglise l'a défini.

Et l'Eglise aurait-elle gardé le silence

---

(1) C. VATIC. *Constitutio dogmat.*, *can. 3 de Fide.*
(2)   —   —   *can. 5 de Fide.*

sur cette question capitale, que la raison, non faussée par les systèmes de philosophie, que le bon sens nous donnerait une solution. Eh quoi ! il y aurait sur la terre une religion qui se dit divine et obligatoire, et l'homme ne pourrait savoir avec certitude si elle l'est vraiment ! Sur ces questions capitales de Dieu, de la loi morale, de la religion, de la vie future, questions d'où dépendent sa vie présente et son éternité, l'homme devrait se résoudre à renoncer à la certitude ! Il lui faudrait pour ainsi dire laisser de côté sa faculté maîtresse, la raison, et suivre les décisions de son cœur et de sa volonté ! Non, cela ne peut pas être, ou s'il en est ainsi des vérités primordiales et essentielles, c'est à désespérer d'arriver jamais à rien de certain, c'est à se réfugier dans un scepticisme universel !

N'y aurait-il pas en tout cela une confusion, une équivoque, un malentendu ? L'erreur ne viendrait-elle pas de ce qu'on voudrait faire relever toutes les vérités, à quelque

ordre qu'elles appartiennent, d'une seule et
même certitude ?

Ne faudrait-il pas dire ici ce que M. de Cossoles écrivait, il y a une vingtaine d'années :
« Il est clair, dit-on, qu'il n'y a pas eu de
« miracles, sans quoi ils auraient naturelle-
« ment convaincu tout le monde, ne tenant
« ainsi aucun compte de la part qu'a la vo-
« lonté dans la foi ; d'autres, par une erreur
« en apparence tout opposée, uniquement
« frappés de l'élément moral inhérent à la
« foi, ont récusé l'élément rationnel qui lui
« est également nécessaire. Les preuves exté-
« rieures et historiques, ont-ils dit, sont inu-
« tiles à la foi ; celle-ci résulte uniquement
« de certaines dispositions morales intérieu-
« res ; ceux qui croient le font naturellement,
« instinctivement ; ils n'ont pas besoin de
« preuves, et toutes les preuves du monde
« seraient impuissantes à déterminer ceux
« qui sont autrement disposés, ceux qui ne
« croient pas (1).

(1) DE COSSOLES. *Du Doute*, 3ᵉ édit., p. 66-67.

« Parce que les uns ont compris que la rai-
« son est nécessaire à la foi, ils ont jugé à tort
« qu'elle y est suffisante ; et les autres parce
« qu'ils ont compris qu'elle y est insuffisante,
« ont faussement jugé qu'elle y est inu-
« tile (1). Les uns et les autres se trompent
« avec d'autant plus d'assurance que chacun
« s'appuie sur une vérité incontestable, car
« il est vrai que la foi doit être rationnelle et
« par conséquent démontrée, et il est vrai
« qu'elle doit être volontaire, et par là qu'elle
« dépend de nos dispositions intérieures.
« L'erreur ne consiste pas à affirmer l'une de
« ces vérités, mais à méconnaître l'autre. (2) »

Oui, la solution de cet antagonisme doctri-
nal entre l'Eglise et le rationalisme sur le
point particulier qui nous occupe, est indiquée dans ces lignes. Du refus d'adhérer à la
démonstration chrétienne et aux démonstrations des vérités morales, le rationalisme
conclut, à tort, à la non-valeur objective de

(1) *Du Doute,* par DE COSSOLES, p. 69.
(2) *Id.,* p. 67.

ces démonstrations. Il devrait tout simplement conclure : *ces démonstrations ne produisent pas un assentiment forcé.*

Mais le caractère libre de cet assentiment ne détruit pas la valeur objective de ces démonstrations. Celles-ci, parce qu'elles appartiennent à l'ordre moral, ont une certitude particulière, la certitude morale, et c'est la méconnaissance de cette certitude morale qui est cause en grande partie des erreurs rationalistes déjà citées, et en particulier de l'erreur de M. Brunetière.

Nous voudrions, dans ces quelques pages, non pas exposer dans son entier, mais esquisser rapidement et simplement cette théorie si belle, mais si délicate de la certitude morale ; nous voudrions, en nous appuyant sur cette théorie, maintenir la valeur objective et réelle de la démonstration chrétienne, rendre compte des refus d'adhésion que beaucoup d'esprits opposent à cette démonstration, et aussi du même coup tenter d'expliquer, sans les justifier, quelques-unes des erreurs que nous avons mentionnées plus haut.

Dans la préface de son beau livre sur le Doute, M. de Cossoles disait, en parlant de son étude : « Elle vient rappeler à des intel- « ligences qui ne connaissent plus que la « certitude qui s'impose et qu'on subit, qui « fait les savants et les mathématiciens, la « certitude que l'on conquiert et que l'on « défend, qui fait les héros et les saints (1). » Si ce modeste travail pouvait coopérer, si peu que ce soit, à cette grande œuvre, s'il pou- vait apporter quelque chose, ne fût-ce qu'un grain de sable, à l'immense édifice de la démonstration chrétienne, l'auteur serait sa- tisfait : il aurait rempli ses devoirs d'étudiant et ses devoirs de prêtre; son travail serait à la fois une étude et une œuvre sacerdotale.

Dieu veuille que ce désir de l'un de ses plus humbles ministres ne soit pas trompé !

(1) *Du doute*, par DE COSSOLES, préf. 2e édit., p. XVIII.

CHAPITRE PREMIER

DE LA CERTITUDE MORALE EN GÉNÉRAL,
SON OBJET

Le problème de la certitude a été maintes fois posé dans le cours des siècles, dans les écoles de philosophie, et il a reçu d'elles différentes solutions. Tantôt elles ont nié toute certitude, tantôt elles se sont prononcées pour un scepticisme partiel et ont admis la certitude dans certains ordres de vérité.

Nous sommes aujourd'hui, avec l'école positiviste, à l'un de ces scepticismes partiels. Cette école, en effet, admet la possibilité et le fait de la certitude dans le domaine des sciences expérimentales; mais elle ferme à toute certitude, pour le laisser à l'ignorance, ou tout au plus à l'opinion, un vaste champ des connaissances humaines. Les vérités métaphysiques, morales et religieuses ne peuvent, d'après elle, être

l'objet de connaissance certaine, et pour citer
les paroles d'un de ses chefs, M, Littré : ces vérités sont « un océan pour lequel nous n'avons
ni barque ni voile ; nous sommes, à leur sujet,
plongés dans une ignorance invincible. »

Dans cette étude de courte étendue, nous ne
pouvons songer à établir la thèse générale de la
certitude ni à réfuter tous ces systèmes, de
quelque nom qu'ils se décorent : scepticisme,
empirisme, positivisme ou agnosticisme. Nous
admettons, avec le genre humain et la saine philosophie, que les facultés de l'âme et les sens du
corps sont des sources légitimes de connaissances
certaines, et que, dans aucun ordre de vérités,
l'homme n'est arrêté au doute, ni même à la
seule probabilité, mais qu'il peut aller à la certitude.

L'esprit humain, en effet, placé en face d'une
vérité, peut se trouver en face d'une de ces trois
situations différentes : le doute, l'opinion, la
certitude. Tantôt, il regarde l'affirmation et la
négation comme également possibles, et n'a aucune raison de préférer l'une à l'autre ; tantôt, il
regarde la négation ou l'affirmation comme peut-
être meilleure, et, ainsi ballotté, il n'ose porter

un jugement, ni donner son adhésion. C'est le doute.

Mais le doute n'est pas l'état normal de l'esprit ; celui-ci recherche la certitude ou tout au moins l'opinion. L'opinion, c'est l'adhésion à une vérité, mais à cette adhésion est unie la crainte d'être dans l'erreur. On juge, mais on craint de se tromper. C'est dans le domaine de l'opinion que se placent les probabilités et leur calcul. Selon leur nombre et leur degré de force, l'opinion se rapproche plus ou moins du doute ou de la certitude, mais sans pourtant se confondre avec eux : la probabilité la plus forte et la plus haute n'est pas la certitude, ni l'opinion la moins vraisemblable, le doute absolu.

La certitude, elle, exclut tout soupçon et toute crainte d'erreur ; elle est l'adhésion ferme et totale à une vérité, c'est la tranquillité, la sécurité dans la vérité.

Il était bon de rappeler brièvement ces vérités élémentaires de logique et de psychologie ; elles auront leur rôle dans un instant.

Or les vérités, objet de la certitude, appartiennent à différents ordres ; nos connaissances ne sont pas toutes de même nature, leur domaine

est pour ainsi dire triple. Il y a des vérités nécessaires, universelles et purement rationnelles ;
il en est d'autres contingentes qui sont le résultat
de l'expérience sensible ; d'autres enfin, dites
morales, ne sont ni purement rationnelles ni
le produit de l'expérience sensible. Deux et deux
font quatre, voilà une vérité rationnelle et nécessaire. Au moment où j'écris, le soleil éclaire
et réchauffe ma chambre, c'est une vérité de
l'ordre physique. Je suis libre, j'ai bien fait en
accomplissant telle action, voilà des vérités
morales.

Mais, de même que les vérités des différents
ordres se distinguent entre elles et présentent
des caractères particuliers, de même les certitudes qui correspondent à ces différentes vérités
doivent se distinguer, elles aussi, et avoir des
notes spéciales, et, puisqu'il y a des vérités morales, il doit y avoir une certitude morale.

« Oui, il y a une certitude morale, comme il
y a une certitude métaphysique et une certitude
physique. Malgré ces noms divers, la certitude
est toujours elle-même, c'est-à-dire l'adhésion
ferme et inébranlable de l'esprit à la vérité reconnue comme telle. Ce qui varie, ce sont les objets

connus et aussi les moyens de les connaître
(conscience, sens, témoignage, raison); ce qui
est immuable, un, identique à soi-même, c'est
l'état de l'esprit connaissant. Tel objet requiert
seulement l'action de la raison (exemple : les
concepts mathématiques); tel autre, la perception sensible, avec ce qu'elle entraîne et implique
(les objets extérieurs); tel autre (faits historiques),
le témoignage; d'autres enfin, parce qu'ils
s'adressent à ce qu'il y a en nous de plus intime,
de plus génial, de plus pleinement humain (Dieu,
l'âme, la liberté), mettent en jeu l'âme tout entière. La certitude que nous avons de ces objets-
là s'appelle morale. » (1)

Remarquons tout de suite, pour éviter toute
confusion, que ce mot de certitude morale est
pris dans plusieurs sens différents, et détermi-
nons nettement quel sens nous lui donnons ici.

On appelle certitude morale une très grande
probabilité qui, sans exclure absolument tout
doute, s'approche pourtant très près de la
certitude. Tel est le sens commun et ordinaire
du mot.

(1) *La Philosophie de M. Balfour*, par J. REY, p. 181-82.

D'autres fois, dans le langage courant, on nomme certitude morale une certitude personnelle, subjective, qu'on ne peut faire partager à d'autres, parce qu'on en ignore les causes et qu'on ne peut en rendre raison.

On range encore, sous le nom de certitude morale, la certitude historique fondée sur le témoignage ; et souvent aussi, dans la philosophie contemporaine, la certitude particulière aux vérités et aux faits d'expérience interne.

La certitude morale, dont nous parlons, n'est pas l'opinion, la probabilité, ni une pure subjectivité ; elle est une véritable certitude, à la fois subjective et objective. Elle comprend la certitude historique et la certitude des faits de conscience, mais elle s'étend plus loin : elle est, et c'est dans ce sens que nous l'entendons constamment, la certitude particulière aux vérités morales qui règlent et dirigent l'activité libre de l'homme.

Ce sens n'est pas nouveau ; M. Ollé-Laprune l'a consacré pour toujours dans un livre remarquable que l'Académie française a couronné, et auquel nous aurons à emprunter.

Ces remarques faites, revenons aux différents

ordres de vérités, précisons leurs notions, et nous verrons mieux qu'il y a plusieurs sortes de certitude et comment elles se distinguent.

Il y a dans l'intelligence de l'homme des principes premiers, des vérités nécessaires et universelles. Sans ces principes, aucune idée, aucune connaissance, aucun jugement ne sont possibles ; ils sont la base, la condition indispensable de toute vie intellectuelle. Ces vérités que l'on nomme métaphysiques sont de deux sortes : les unes se présentent à nous comme évidentes par elles-mêmes, les autres n'ont qu'une évidence médiate et empruntée. De la première catégorie sont les principes philosophiques, par exemple : tout fait à une cause, tout être a une fin, et les axiomes mathématiques, par exemple : deux et deux font quatre, la ligne droite est le plus court chemin d'un point à un autre.

D'autres vérités, et c'est le plus grand nombre, n'ont pas par elles-mêmes ce caractère d'évidence par lequel les premières s'imposent. Il faut, par un travail souvent lent et difficile, les faire sortir d'autres vérités qui les contiennent en germe. L'existence de Dieu est une vérité métaphysique nécessaire ; elle n'est pourtant pas évidente, il faut laborieusement la démontrer. Le théorème du carré de l'hypothénuse d'un triangle rectangle est certainement contenu en germe dans les axiomes mathématiques ; pourtant il n'a pas leur évidence, et, pour l'établir, il faut une démonstration. Cette seconde classe de vérités métaphysiques n'a qu'une évidence médiate empruntée aux vérités premières dont elles ont été déduites.

Or toutes ces vérités, quel que soit leur degré d'évidence, sont l'objet de la certitude dite métaphysique, et celle-ci présente deux caractères distinctifs, qui ressortent de ce que nous venons de dire : la seule faculté en exercice pour les acquérir, c'est l'intelligence, l'évidence de ces vérités rend l'assentiment que nous leur donnons nécessaire et forcé. On ne peut nier ces vérités sans nier sa propre intelligence (1).

Un second ordre de connaissances, c'est celui des connaissances contingentes et sensibles. Sur leur existence et leur légitimité, il y a accord.

---

(1) Il faut faire une exception pour les vérités qui sont à la fois métaphysiques et morales, par exemple : l'existence de Dieu. Nous verrons plus tard la raison de cette exception.

Les difficultés et les différends qui existent entre les philosophes portent seulement sur le mode d'origine de ces connaissances et sur leur relation avec la réalité objective ; mais tous admettent la valeur de ces connaissances sensibles, puisque tous admettent les sciences expérimentales et qu'un certain nombre n'admettent même que ces sciences.

Nos sens nous donnent donc à leur manière des connaissances : l'existence des corps colorés, voilà le témoignage des yeux ; l'existence des corps étendus, voilà le témoignage du toucher, etc.

La certitude physique ne comprend pas seulement des faits particuliers, elle embrasse encore des lois générales. Telles sont par exemple les lois physiques et chimiques ; elles sont universelles sans rien avoir de nécessaire ; elles ne sont pas évidentes à l'esprit, mais le résultat d'expériences multiples et particulières d'où la raison a tiré des formules générales.

Les deux caractères distinctifs de la certitude physique sont les suivants : elle exige pour son acquisition l'exercice de la raison et des sens, et son assentiment est contraint et forcé.

Elle repose en effet sur des faits ; or les faits sont brutaux, et s'ils sont constatés, on ne peut les nier.

Mais outre ces perceptions rationnelles et nécessaires, et ces perceptions sensibles, contingentes ou générales, il y a, nous l'avons dit déjà, des vérités morales.

M. Ollé-Laprune a ramené les vérités morales naturelles à quatre principales : la loi morale, la liberté morale, l'existence de Dieu, et la vie future.

Or l'existence de Dieu est une vérité métaphysique, mais de l'ordre pratique. Car, celles-ci sont de deux sortes : les unes, les axiomes mathématiques et les premiers principes, sont des vérités exclusivement idéales ; les autres sont en même temps de l'ordre pratique, elles ont leur contre-coup et leur retentissement dans la vie morale de l'homme. Telle est la vérité de l'existence de Dieu. Si Dieu existe, il est maître souverain, fin dernière de toutes choses ; l'homme a le devoir de Lui obéir et de tendre vers Lui. Il en est de même des attributs moraux de Dieu, qui, tout en étant des vérités métaphysiques, sont en même temps du ressort de la certitude morale, parce qu'elles intéressent la conduite libre et morale de l'homme.

Quelques vérités morales, l'existence de la
liberté, par exemple, n'ont aucun caractère métaphysique; d'autres, la loi morale, la vie future, etc., sont en partie d'ordre métaphysique;
nous le verrons au chapitre suivant, en traitant
des facultés qui concourent à l'acquisition des
vérités morales.

En résumé, toutes les vérités, soit métaphysiques, soit morales, qui s'adressent à l'homme
tout entier, et entraînent, pour la conduite, des
conséquences pratiques, sont du ressort de la
certitude morale. Celle-ci se distingue donc
nettement, par son objet, de la certitude métaphysique, qui répond seulement aux perceptions
rationnelles universelles et nécessaires. Des vérités, il est vrai, leur sont communes, mais sous
des aspects différents; la certitude métaphysique
les considère sous le rapport de leur nécessité,
la certitude morale sous le rapport de leur influence morale.

M. Ollé-Laprune n'a parlé que des vérités
morales naturelles; il en est d'autres, surnaturelles et divines, dont il faut parler ici.

Qu'il y ait eu à un moment sur la terre un
homme qui fut en même temps Dieu; qu'il ait

prouvé sa divinité par de nombreux miracles;
que, pour perpétuer son enseignement, il ait
fondé une société divine; que cet enseignement
l'emporte sur toutes les autres doctrines philosophiques ou religieuses que l'humanité a vues
naître pendant sa longue vie, à tel point qu'il
leur est transcendant; que ses effets moraux aient
été surprenants, surhumains; que, par suite, son
dogme et sa morale s'imposent à nous : ce sont
là des vérités qui n'ont certes rien de métaphysiquement nécessaire, mais qui doivent avoir un
immense contre-coup dans la vie morale de l'humanité. Si donc ce sont là des vérités, si ces
affirmations sont certaines, contingentes et
morales qu'elles sont, elles relèvent de la certitude morale.

Or l'ensemble de ces vérités forme ce qu'on
appelle l'apologétique chrétienne. C'est donc
de la certitude morale qu'elle relève et dépend;
et ainsi s'explique le titre même de ce travail.

CHAPITRE II

DES FACULTÉS QUI CONCOURENT A L'ACQUISITION
DES VÉRITÉS MORALES

A la suite des réflexions faites au chapitre précédent, il nous est facile de remarquer que les diverses certitudes se distinguent et se différencient par trois choses : 1° par les vérités affirmées, 2° par les facultés qui concourent à l'acquisition de ces vérités, 3° enfin, par l'assentiment qui leur est donné.

Nous avons montré comment les vérités morales étaient distinctes des vérités soit de l'ordre physique, soit de l'ordre métaphysique pur et idéal. Faisons un pas de plus et cherchons à mettre en lumière les facultés qui sont en exercice pour l'acquisition de ces vérités morales.

Quand il s'agit de vérités métaphysiques idéales et purement rationnelles, les vérités mathématiques, par exemple, et les premiers principes de la philosophie, il faut avoir et il suffit d'avoir, pour les acquérir, un certain degré d'intelligence. Ces vérités sont, pour l'intelligence, d'une évidence plus ou moins immédiate, mais elle les perçoit comme nécessaires. La raison seule suffit pour les connaître.

Les vérités physiques sont acquises par l'exercice simultané de la raison et des sens. Quelle que soit la théorie qu'on accepte sur la perception des sens, on ne peut en effet, à moins de tomber dans le scepticisme, nier sur ce point la participation de la raison.

Les vérités morales, elles, demandent l'exercice de la raison, des sens et des facultés morales, du moins à divers degrés.

Avant d'arriver aux vérités de la démonstration apologétique et de montrer dans cette démonstration le rôle des facultés morales, il sera bon de rappeler brièvement ce rôle dans la démonstration même des vérités morales naturelles.

Commençons par la vérité de l'existence de Dieu.

Celle-ci est une vérité métaphysique, mais elle suppose des observations physiques. La raison et les sens constatent l'existence d'un monde contingent et imparfait qui ne peut être à lui-même sa cause. A la suite de cette constatation, la raison s'appuyant sur le principe de causalité, remonte du contingent au nécessaire, de l'imparfait au parfait, du relatif à l'absolu, du monde elle conclut Dieu. C'est là une opération toute rationnelle, où les facultés morales ne jouent aucun rôle.

Mais cette démonstration n'est pas la seule preuve de l'existence de Dieu ; il en est d'autres qui mettent en exercice les facultés morales : la conscience, la volonté, l'âme tout entière.

Prenons-en une et étudions-la de plus près. Il y a un fait de conscience qui n'échappe à personne : c'est le fait de l'obligation morale. Nous sommes obligés par une voix impérieuse et intime d'éviter le mal et de faire le bien. D'où vient cette obligation ? elle ne vient pas de nous, elle s'impose à nous ; elle ne vient pas des hommes, elle les dépasse, et leur autorité ne peut nous en délivrer. Quelle est donc la cause de cette obligation universelle ? Quelle autorité l'impose à l'homme ? La raison travaille sur ce fait de conscience, elle élimine les causes apparentes, mais non vraies, de cette obligation, et elle assigne pour source à cette obligation universelle, impérative et nécessaire, l'Etre souverain, Dieu lui-même (1). La raison et la conscience se sont prêté leur concours pour arriver à cette conclusion.

On retrouve les actions combinées de la raison et des facultés morales dans d'autres preuves de l'existence de Dieu, mais arrivons à une autre vérité morale, celle de la loi morale. Elle aussi est à la fois métaphysique et morale.

Parmi les principes de la raison se trouve le principe de finalité : « Tout être à une fin qu'il doit atteindre. » Respecter cette fin, se conformer à elle, tendre vers elle, c'est l'ordre et le bien, la raison nous le dit. Il y a donc pour nous obligation de mener une vie conforme à notre fin ; faire cela, c'est suivre la loi morale. Mais en dehors de ce raisonnement métaphysique, la loi morale se manifeste encore à nous par la conscience. Celle-ci nous en dit l'existence : « Il faut respecter l'ordre » ou plus clai-

(1) Voir : Démonstration scientifique de l'existence de Dieu. Frémont 3e conférence, p. 75.

rement : « Il faut faire le bien, éviter le mal.
Ce n'est pas tout; elle entre même dans le détail
des préceptes de cette loi, et nous dit : Fais ceci,
évite cela. » Là encore, la raison et les facultés
morales s'unissent pour affirmer l'existence et
même pour dire l'étendue de la loi morale.

La loi morale suppose la liberté. Si nous ne
sommes pas libres, nous atteignons notre fin
par les instincts que Dieu a mis en nous, et la
loi morale n'a plus de raison d'être. Mais nous
sommes libres, nous pouvons à notre gré choisir entre tel et tel bien, et même abuser de notre
liberté pour choisir le mal. On peut déduire, il
est vrai, rationnellement l'existence de la liberté,
de l'existence de l'obligation morale ; mais la liberté s'impose aussi à nous comme fait de conscience. Notre volonté se sent libre de choisir
entre tel et tel acte ; son choix fait, et dans l'exé-
cution même de l'action, elle est encore libre ;
et l'action terminée, notre liberté s'affirme
encore par le sentiment de notre responsabilité.
La liberté ne nous est donc connue que par l'affirmation directe de la conscience, ou par la dé-
duction logique d'un fait de conscience, celui de
l'obligation ou de la responsabilité.

La liberté mérite ou démérite ; à son exercice, il faut une sanction. Celle-ci commence ici-bas, elle se perpétuera et se consommera dans la vie future. C'est là une vérité morale fondamentale ; de son existence dépend la direction pratique de la vie. Si tout se termine à la mort, si tout s'enfouit au tombeau, l'homme n'a certainement pas à agir et n'agira certainement pas de la même manière que si la vie future existait. Or cette vie future implique deux idées, ou mieux deux faits : la survivance immortelle de l'âme, et la sanction portée par le maître souverain, Dieu lui-même.

Ces deux faits sont-ils démontrés par la seule raison ? ou bien faut-il, là encore, l'exercice des facultés morales ?

La raison conclut l'immortalité de l'âme de la simplicité du principe vivant, pensant, aimant qui est en nous ; mais cette simplicité elle-même est prouvée par divers arguments, et l'un d'eux est encore un fait de conscience. Sous les multiples phénomènes de pensée et de volition, l'âme reste identique et une. Or cette identité et cette unité sont inexplicables, si l'âme est composée de parties, et par suite sujette à des changements. Mais de plus, l'âme elle-même se dit directement immortelle par ses aspirations à vivre au delà de la tombe. Faite pour la lumière et l'amour, la vérité et le bonheur, elle ne les a pas trouvés suffisamment ici-bas, elle les attend dans une autre vie.

Avec l'immortalité, il faut la sanction. La raison, frappée par l'improportion évidente qui existe ici-bas entre la vertu et le bonheur, et d'autre part entre le vice et la souffrance, convaincue d'ailleurs que la loi morale doit triompher et que Dieu doit rétablir l'équilibre entre le bien et le bonheur, comme aussi entre le mal et la douleur, la raison conclut à l'existence d'une sanction après la tombe.

Mais avec la raison n'y a-t-il pas encore la conscience, écœurée par les iniquités, abreuvée d'amertumes, blessée par la douleur, qui affirme en accents saisissants son besoin d'une vie future, où le crime sera puni et la vertu récompensée ?

Nous ne voulons pas développer davantage ces idées, elles sont élémentaires en philosophie. Elles suffisent d'ailleurs à montrer que dans le travail d'acquisition des vérités morales, on re-

trouve constamment unies, quelquefois intime-
ment mêlées, la raison proprement dite et les
facultés morales.

A vrai dire, ce n'est pas leur seul rôle, ni
peut-être le plus important, au moins pour certaines d'entre elles. Elles ont une action plus
grande, une influence plus étendue dans l'assentiment même donné aux vérités morales : ce
sera l'objet du chapitre suivant.

Or, cette action combinée, cet exercice simultané de la raison et des facultés morales doivent
se retrouver et se retrouvent de fait dans la démonstration apologétique. Etablissons un peu
en détail cette affirmation : nous en tirerons les
conséquences plus tard.

Il y a dans une démonstration apologétique
complète comme trois étapes à parcourir; on
établit la possibilité, puis la probabilité, et enfin
le fait de la révélation. A vrai dire les deux premières étapes ne sont pas rigoureusement obli-
gatoires, il suffirait d'établir le fait. Elles ont
néanmoins leur utilité.

Ces deux démonstrations préliminaires pré-
parent les esprits, elles leur montrent qu'il y a
lieu d'étudier si la révélation n'a pas eu lieu,

que le problème peut et doit être posé. La première coupe racine aux difficultés d'ordre philosophique qui pourraient être faites à priori pour rejeter l'étude du fait lui-même de la révélation. La deuxième nous fait saisir les causes, les motifs qui ont porté Dieu à se mettre ainsi en communication avec l'homme.

Or, quelles sont les facultés qui concourent à cette triple démonstration? Y a-t-il là, place pour les facultés morales? et quelle est cette place?

La première démonstration est d'ordre exclusivement rationnel. Il s'agit de montrer qu'il y a par rapport à l'homme des vérités surnaturelles, et que Dieu peut lui révéler ces vérités avec d'autres vérités naturelles, car le dépôt de la révélation comprend ces deux ordres de vérités. C'est à la raison et à elle seule d'établir cette possibilité.

Il n'en est pas ainsi de la probabilité d'une révélation divine. Cette probabilité ressort de deux considérations générales que nous allons résumer, ou mieux, de deux faits que nous allons exposer.

Le premier fait, c'est l'impuissance ou tout au moins l'insuffisance des philosophies, qui ont

vécu et vivent encore, à donner une solution
satisfaisante, certaine, harmonieuse et complète
du grand problème de l'origine de l'homme, de
sa destinée et des moyens de l'atteindre. Cette
insuffisance a été telle et est encore telle, que
l'humanité ne s'est jamais contentée des solutions données par les philosophies, et s'est toujours adressée à des révélations ou à de préten-
dues révélations.

Le second fait, c'est le besoin réel et pressant
pour l'homme d'une pareille solution. S'il ne la
possède pas, il ne sait comment diriger sa vie;
c'est un besoin pour son intelligence qui veut
savoir, mais c'est un besoin aussi pour sa volonté
qui veut agir et ne sait quelle détermination
prendre. Ce n'était pas la seule raison spécula-
tive et théorique qui dictait à Jouffroy ses pages
si vraies mais si troublantes sur ce grave problème; il y a là l'écho de souffrances intimes, il
y a là toute une âme qui parle.

C'est le rôle de l'apologiste d'exposer ce besoin
poignant de l'homme tout entier, de dire les
incertitudes cruelles de l'intelligence qui hésite
sur ces questions capitales, de la volonté qui
hésite sur la conduite à tenir. Il met en regard

ce besoin d'une solution et l'impuissance des
philosophies à la donner, et il se demande si
Dieu créateur a laissé l'humanité dans cet état
précaire. Dieu, libre dans ses dons, a pu laisser
l'homme dans cet état misérable et pénible qu'il
a mérité par sa faute, mais l'a-t-il voulu? Ce
n'est guère probable, et alors que l'humanité
affirme sa foi en la révélation, l'apologiste peut
bien au moins conclure à sa probabilité.

Telle est, en résumé, la marche suivie. Or, il
est évident que pour connaître à fond ce besoin
d'une solution du grand problème religieux, pour
saisir les troubles et les gênes qui résultent de
l'absence de cette solution, ce n'est pas la seule
raison théorique qu'il faut consulter, mais aussi
la conscience, la volonté, l'âme tout entière.
A côté de la raison, ou plutôt avec elle, doivent
être en exercice les facultés morales. Elles jouent
donc déjà un rôle dans cette étude préparatoire
sur la probabilité d'une révélation divine.

Ce rôle, nous le retrouvons encore dans l'étude
du fait lui-même de la Révélation, dans les
preuves apologétiques qui en établissent l'existence. Pour le mettre un peu au net, il nous faut
entrer ici dans quelques considérations, brèves

d'ailleurs, sur la méthode ou plutôt les méthodes apologétiques. D'ailleurs, pour montrer le rôle de la certitude morale en apologétique, il nous faut savoir évidemment ce qu'est cette dernière.

L'apologétique chrétienne, science très vaste, faite tour à tour de critique historique, d'exégèse et de philosophie, a pour but de fournir les preuves de la divinité du christianisme, et par conséquent de la Révélation divine qui lui sert de fondement.

Or, Dieu seul peut garantir sa propre parole et certifier que vraiment il a parlé. Comment le fera-t-il? Sera-ce par une nouvelle révélation? Mais à moins que cette révélation ne soit individuelle, elle aura besoin, elle aussi, d'être confirmée, et nous entrons ainsi dans une série indéfinie de révélations.

Dieu pouvait s'y prendre, et, selon nous chrétiens, il s'y est pris autrement. Il a donné, pour authentiquer sa parole, des miracles, c'est-à-dire certains faits sensibles, contraires à ceux ou différents de ceux qui, dans les mêmes circonstances, résulteraient du jeu des forces secondes, faits qui, par conséquent, ne peuvent venir que de la main même de Dieu. Le miracle, tel est donc

le signe auquel nous pouvons reconnaître la
Révélation.

Or, les miracles sont de deux sortes : il y a
les miracles dits extrinsèques, faits particuliers,
transitoires, des guérisons, des prophéties. par
exemple, qui ont été opérés en faveur de la révélation chrétienne et pour sa confirmation. Sur
ces miracles est fondée une méthode apologétique chrétienne, la méthode extrinsèque, la
plus usitée et la plus abordable à la majorité des
esprits. Voici son procédé : elle étudie ces faits,
établit leur réalité historique, prouve leur caractère miraculeux et divin, montre ensuite leur
relation avec la révélation et conclut de la
divinité du miracle à la divinité de la révélation
en faveur de laquelle ils ont été faits. C'est parfaitement logique et concluant. Notre-Seigneur
lui-même usait de cette méthode, lorsqu'il disait
aux Juifs incrédules : « Croyez à mes œuvres,
elles rendent témoignage de moi (1). »

Mais il y a, outre ces faits particuliers et
transitoires, d'autres miracles plus cachés et
plus délicats, mais non moins divins, faits

(1) Saint Jean : v, 36 — x, 24, 25 — xi, 41, 42.

permanents, durables, inhérents à la doctrine
elle-même. Sur ces miracles qui sont d'ordre
intellectuel ou moral, est basée la méthode intrinsèque. Donnons-en rapidement, mais clairement pourtant, une idée (1).

Qu'une société religieuse, le christianisme,
offre aux hommes une solution du grand problème de l'origine et de la destinée, solution
complète, qui répond à toutes les aspirations et
à tous les besoins de l'homme, c'est déjà un fait
unique, puisque toutes les autres religions et
toutes les autres philosophies n'ont jamais pré-
senté de ce problème que des solutions impar-
faites quand elles n'étaient pas contradictoires.
Mais que cette solution brusquement, un jour,
ait été donnée par un ouvrier sans instruction,
prêchée avec autorité par d'autres ouvriers igno-

---

(1) Est-il utile de faire remarquer que nous n'avons
pas l'intention d'établir ici le caractère miraculeux des
faits que nous disons miracles? Ce caractère miraculeux
ne peut s'établir que par de délicates et assez longues
analyses. Ici, nous citons les faits démontrés miraculeux
par les apologistes, nous ne faisons pas cette démonstration. En quelques mots nous indiquons comment elle se
fait, à la seule fin de mettre en relief le jeu des facultés
morales.

rants, et imposée par eux aux multitudes, c'est
là un fait humainement inexplicable. Eh quoi !
un homme sans culture intellectuelle et philosophique, d'un coup, par ses propres forces,
dépasserait par sa doctrine le milieu qui l'en-
toure et les siècles qui l'ont précédé ! Et cela
serait naturel ! Non, il y a là quelque chose qui
est au-dessus de l'homme.

Cette solution a eu d'ailleurs sur l'individu,
la famille, la société, la plus salutaire influence
morale, elle n'est donc pas l'œuvre du démon.
L'homme et le démon exclus, il reste que Dieu
soit l'auteur de cette solution, et elle est un
miracle intellectuel.

De même qu'on reconnaît le miracle intellectuel à la disproportion de la vérité connue avec
nos facultés, ou tout au moins avec nos facultés
placées dans les circonstances où elle a été
connue, de même on reconnaît le miracle moral
à la disproportion qui existe entre des actions
morales et les forces de la volonté humaine, au
moins dans les circonstances où ces actions ont
été faites.

Que je rencontre une vie entière passée sans
la moindre souillure, dirigée par les motifs les

plus élevés, marquée par la pratique constante,
à un degré héroïque, de toutes les vertus, sans
la moindre faiblesse, ni la plus légère défaillance,
telle que les contemporains n'y purent rien
reprendre et que dix-huit siècles d'hostilité n'ont
pu y découvrir la moindre tache, telle, en un
mot, que fut la vie de Jésus ; je conclus à un
miracle moral de droit.

La nature humaine, dans n'importe quelles
circonstances, n'est pas capable d'une telle élévation. Elle peut produire l'héroïsme, mais non
à l'état continu ; il faut pour cela à la volonté
une surexcitation, des motifs extraordinaires.
La vie du plus grand des sages n'a pas eu la
constante élévation sublime de la vie de Jésus.
Cette élévation n'est pas l'œuvre de la nature :
c'est un miracle.

Que des hommes, même nombreux, deviennent
meilleurs sous l'influence d'une doctrine, cela
s'est vu et peut se voir. Mais que des peuples
entiers, sous les climats les plus divers, sur la
seule autorité de prédicateurs qui n'avaient pour
eux ni la science, ni la puissance, ni la richesse,
suivent des préceptes gênants, mènent une vie
relativement élevée et pure, croient à des dogmes

incompréhensibles, sans qu'aucun motif humain puisse expliquer cette conduite ; il y a là quelque chose qui n'est pas de l'homme ; ce n'est pas non plus l'œuvre du démon, puisqu'il y a amélioration morale ; c'est donc Dieu qui agit, il y a miracle moral.

Dans cette méthode intrinsèque, on ne déduit pas la divinité du christianisme des miracles opérés en sa faveur ; le miracle, c'est le christianisme lui-même dans son influence intellectuelle et morale.

Or quel est dans ces deux méthodes extrinsèque et intrinsèque, le rôle des facultés morales ? Comment s'y exercent-elles ? Parlons d'abord de la méthode extrinsèque.

Elle repose, nous venons de le voir, sur des faits particuliers et transitoires, et ceux-ci à leur tour reposent sur le témoignage. Or qui établit la valeur du témoignage en général ? C'est notre âme par son besoin de vérité et son penchant à la dire, besoin et penchant que nous supposons avec raison dans autrui. Voici donc une première apparition des facultés morales. De plus, pour juger de la valeur d'un témoignage en particulier, il faut voir s'il peut être

attribué à l'erreur, au mensonge ou à la vérité;
et, pour l'accepter, il faut écarter l'erreur et le
mensonge. Or cette appréciation des motifs qui
ont pu amener et provoquer ce témoignage est
complexe : la raison s'y exerce, mais ne faut-il
pas l'âme tout entière pour bien comprendre
l'influence qu'ont pu avoir tels motifs, telles
considérations, etc? Ne nous arrive-t-il pas de
ne pas prêter foi à quelqu'un sans que d'ailleurs
nous puissions dire les motifs de cette défiance ?
Il y a dans cette appréciation une seconde intervention des facultés morales.

Allons plus loin. A part quelques faits miraculeux, des résurrections par exemple, qui exi-
gent un pouvoir créateur et du même coup se
déclarent divins, la plupart des miracles transitoires et extrinsèques demandent un examen de
leur caractère moral pour qu'on puisse affirmer
ou nier leur origine divine. Le démon pouvant
produire des effets extérieurement semblables, il
faut voir si rien en eux ne révèle l'action diabolique, si tout en eux est digne de la sainteté et
de la sagesse de Dieu. Pour porter ces juge-
ments, pour faire ces analyses, il faut sans
doute recourir à la raison ; mais là encore, n'est-

ce pas l'âme tout entière, avec ses sensibilités et ses délicatesses, qui juge mieux et plus vite ce qui convient à Dieu ou lui déplaît, qui saisit mieux et plus vite la plus légère inconvenance et la moindre influence diabolique? Il y a là un troisième exercice des facultés morales dans la méthode extrinsèque. Elles y tiennent donc une place déjà assez grande, encore qu'il s'agisse de faits particuliers sensibles.

Mais c'est surtout dans la méthode intrinsèque qu'apparaît plus net, plus accusé et plus large le rôle des facultés morales.

Il s'agit de montrer que le christianisme répond pleinement à nos aspirations, à nos besoins intellectuels et moraux, et en même temps, qu'il y répond par des solutions et des effets qui sont absolument au-dessus de la nature de l'homme, ou tout au moins ne peuvent venir d'elle dans les circonstances où ils se sont produits. Une religion révélée par Dieu, en effet, ne peut contredire les aspirations et les besoins d'une nature qu'il a créée, et d'autre part, pour que cette religion se montre divine, il faut qu'elle ne soit pas le produit des forces naturelles de l'homme.

4

Mais qui dira les aspirations de l'homme dans
sa nature intellectuelle et morale? Qui jugera de
l'harmonie, de la convenance des solutions chré-
tiennes avec ces aspirations et ces besoins? Pour
manifester l'homme tout entier, pour révéler les
aspirations et les besoins de toutes ses facultés,
il faut le témoignage de l'homme tout entier et
de toutes ses facultés. Ces facultés doivent être
en exercice pour dire, d'une part, ce qu'elles dési-
rent et demandent, et, d'autre part, pour juger de
la conformité et de la convenance des réponses
données à ces demandes.

Dans la deuxième partie de cette méthode,
qui consiste à montrer le caractère surnaturel
des effets intellectuels et moraux du christianisme, intervient encore, avec un rôle plus actif
et plus étendu, notre nature morale. Il faut
montrer que telle connaissance ne peut être le
fruit naturel de l'intelligence, que telle conduite morale est au-dessus des forces naturelles
de la volonté, en un mot, il s'agit de délimiter
les forces naturelles de l'homme, ou tout au
moins, sans en préciser la limite, de dire ce qui
les dépasse.

Or cet examen, au moins pour les miracles

moraux, ne peut se faire sans le concours des facultés morales. S'agit-il en effet du miracle de la vie de Jésus, cette vie si élevée et si pure qui malgré le défi du maître aux Juifs et aux siècles : « Qui ex vobis arguet me de peccato ? » est restée la plus haute réalisation d'idéal moral? Pour le saisir, il faut consulter notre nature, constater qu'elle n'est pas capable de cet héroïsme continu, qu'elle ne produit d'actes héroïques qu'à de rares intervalles et sous l'impulsion de motifs puissants, qui ne sont pas dans la vie de Jésus. Or cela exige l'exercice des facultés morales, la raison n'y saurait suffire.

S'agit-il du miracle de l'influence morale du christianisme? il faut mettre en relief le peu d'autorité qu'avaient les apôtres et dire la grande influence de l'autorité sur notre volonté; bien montrer les difficultés de vie créées par la morale chrétienne et mettre en présence notre pente très prononcée à la vie douce et facile; faire ressortir l'absence ou tout au moins le lointain des intérêts qui pouvaient porter à accepter une telle doctrine, et d'autre part combien l'homme est peu généreux en face du sacrifice

s'il n'en doit pas retirer quelque intérêt, quelque avantage palpable et prochain. C'est de cette
comparaison que ressortira le caractère miraculeux de cette influence. Mais pour faire cette
comparaison, la spéculation rationnelle est absolument insuffisante, il faut l'étude de l'âme
entière, et par suite l'exercice des facultés morales.

Bornons-nous à ces exemples. Il ressort clairement de tout ce qui précède que pour faire la
démonstration apologétique du christianisme,
pour en saisir la valeur, il ne faut pas l'aborder
avec le seul flambeau de la spéculation philosophique et de la raison; c'est l'âme tout entière
qui projette sa lumière.

Le christianisme est un fait complexe, sa démonstration l'est aussi. Il faut, pour bien le
comprendre, être tour à tour historien, métaphysicien, psychologue et moraliste.

Les pages qui précèdent l'auront peut-être un
peu montré, malgré leur caractère incomplet.
Ce n'est donc pas en pur spéculatif et en métaphysicien qu'il faut en aborder l'étude et chercher
à découvrir sa vérité. Si l'on néglige l'élément
moral, si l'on n'interroge pas les facultés mo-

rales, bien des côtés de la question échappent, et bien des preuves, d'ailleurs excellentes, sont jugées insuffisantes. Ce n'est pas non plus en matérialiste, en positiviste endurci qui ne croie qu'aux données sensibles qu'il faut étudier la démonstration chrétienne. Cette démonstration repose sur des faits historiques, il est vrai, mais pour en saisir le vrai sens, le vrai caractère, la véritable portée au point de vue de la preuve, il faut à maintes reprises, ou pour mieux dire, il faut d'une façon presque continue l'exercice de la raison, de la conscience, de la volonté, en un mot de l'âme tout entière.

La parole si belle de Platon : « Il faut aller à la vérité avec l'âme tout entière », parole dont nous verrons mieux toute la profondeur en parlant de l'assentiment de la certitude morale, a donc déjà ici son application. On ne peut découvrir la vérité morale, ni la vérité religieuse si on la cherche comme un mathématicien cherche un problème. Il faut la chercher en métaphysicien, mais aussi en psychologue ; il faut mettre en exercice sa raison, mais aussi toute son âme, parce que l'âme fournit des données nombreuses à la démonstration.

CHAPITRE III

DE L'ASSENTIMENT NON CONTRAINT
DE LA CERTITUDE MORALE.

Dans tout acte de connaissance, la volonté joue un certain rôle. C'est elle qui nous place dans les conditions requises pour la connaissance, et c'est elle surtout qui fixe l'attention. Ce serait une erreur toutefois de dire avec quelques philosophes, M. Renouvier par exemple, que nier et douter, croire ou affirmer sont des formes du vouloir. M. Ollé-Laprune, au chapitre VI de son magnifique livre a fait justice de cette erreur.

Nous ne traiterons pas ici la question intéressante mais complexe des rapports de l'intelligence et de la volonté ; nous nous bornerons à essayer de mettre un peu en lumière le rôle de la volonté dans la certitude morale.

Notons d'abord quelques faits qui s'imposent

à l'observateur. Les vérités métaphysiques de
l'ordre idéal produisent sur tous les esprits
capables de les comprendre, un assentiment
contraint et forcé. Il faut être un insensé pour
nier les axiomes mathématiques, et si certaine
école de philosophie a voulu nier les principes
premiers de la philosophie, le principe de causalité par exemple, elle n'a pu le faire qu'au prix
de nombreuses contradictions. Pour tout homme
instruit, pour toute intelligence suffisamment
ouverte, ces vérités s'imposent ; on est contraint
de les accepter, les nier ce serait nier l'intelligence elle-même, « il n'y a place que pour l'assentiment et le refuser serait folie » (1).

Il en est de même des faits physiques dont
nous sommes les témoins immédiats. On ne peut
nier tel objet, dont la vue ou le toucher nous
révèle la présence. Il faut en dire autant de certains faits d'expérience interne v. g. l'existence en
nous d'un sujet pensant et aimant, etc. Nous
pouvons, il est vrai, à l'égard de ces faits produire une négation, mais c'est une erreur vou-
lue, un mensonge ; au dedans de nous et malgré

(1) *La Philosophie de M. Balfour* REY. p. 178.

nous reste l'affirmation, la certitude des faits
perçus. La certitude physique, au moins pour
les faits dont nous sommes les témoins immédiats, produit donc, elle aussi, un assentiment
forcé.

On aura remarqué la réserve que nous avons
faite : « au moins pour les faits dont nous sommes
les témoins immédiats ». C'est que, en effet, s'il
s'agit de vérités transmises par le témoignage,
à raison même du mode de transmission, elles
ne produisent pas un assentiment forcé. Il y a
toujours place, théoriquement au moins, pour
des erreurs volontaires ou involontaires ; et si
l'on peut diminuer, écarter même ces erreurs
possibles ou probables, et arriver à la certitude,
il reste vrai, que même alors, l'assentiment n'est
pas contraint, comme il l'est pour les vérités
nécessaires et les faits d'expérience personnelle.

Voici maintenant un autre fait non moins
significatif et non moins certain : les vérités
morales et religieuses ont toujours rencon-
tré et rencontrent encore des contradicteurs ;
on a beau démontrer ces vérités, les plus beaux
génies de l'Eglise ont fait ces démonstrations,
tous les esprits ne se sont pas soumis et n'ont

pas adhéré. Nous n'insisterons pas sur ce fait
bien certain et dont nous avons déjà parlé dans
notre introduction (1).

Comment se fait-il que tous les hommes
soient d'accord sur les vérités physiques et scientifiques, et qu'ils soient en désaccord continuel,
en dissidence continue, relativement aux vérités
de l'ordre moral, et à la vérité de la démonstration chrétienne. D'où peut venir pareille dissidence ?

« Les hommes sont généralement d'accord
sur ce qui touche les sens, la raison, l'intelligence ; ce qui varie, ce qui est uniquement
libre, c'est la volonté, le cœur, ce sont les affec-
tions ; là donc doivent se trouver les causes de
la dissidence entre chrétiens et incrédules (1). »

Il nous faut étudier d'un peu près cette intervention de la volonté et des dispositions morales ;
montrer comment et pourquoi l'assentiment
donné aux vérités morales n'est pas contraint,
comment et pourquoi l'esprit mis en présence
de la démonstration de ces vérités peut se déro-
ber et ne pas adhérer.

---

(1) Introduction, p. 9.

La question est délicate ; on court le risque
continuel de dépasser la vérité ou de ne pas
l'atteindre. Cette étude pourtant s'impose à nous :
l'assentiment non forcé est une des caractéris-
tiques les plus notables de la certitude morale ;
puis cette étude nous fera voir l'origine de cette
affirmation erronée : on croit parce que l'on
veut croire.

Remarquons d'abord que ces vérités morales
se présentent toutes avec ces deux notes carac-
téristiques : elles renferment un mélange de
clarté et d'obscurité, puis elles entraînent pour
l'homme des conséquences pratiques qui, il est
vrai, grandissent et élèvent la vie, mais la rendent aussi plus austère. Or, par ce double caractère s'expliquent, ce semble, l'intervention de la
volonté et l'assentiment non contraint de la certitude morale.

Il y a en premier lieu, dans ces vérités, un
côté mystérieux et obscur. — La raison conclut
l'existence de Dieu : mais qu'est-ce que Dieu ?
comment peut-Il être à lui-même sa cause ?
comment Dieu, dont l'existence nous est prouvée

(1) *Du Doute*, par DE COSSOLES, p. 52-53.

par l'existence des créatures, a-t-Il pu créer dans le temps sans sortir de son immuable éternité? comment Dieu infini, tout-puissant, laisse-t-Il subsister le mal et surtout le laisse-t-Il parfois triompher? « Pour reconnaître Dieu, dit très « bien M. Ollé-Laprune, il faut passer de la « sphère du visible à celle de l'invisible; il faut « avancer au travers des obscurités, et en dépit « de l'étonnement des sens et de l'imagination, « malgré les difficultés qui peuvent assaillir la « raison elle-même... Dieu est connu comme « cause première, par le moyen du monde, son « effet, son œuvre; mais ici, entre l'effet et la « cause, la disproportion est extrême : ce qui « sert à faire connaître Dieu étant infiniment « au-dessous de Dieu, la connaissance est forcé- « ment limitée et très imparfaite (1). »

Nous sommes libres, c'est vrai, la conscience nous l'affirme et la raison nous le prouve. — Mais qu'est-ce que c'est que la liberté? « Nulle « part dans l'ordre sensible la liberté ne se ren- « contre..... Je puis être tenté de la regarder « comme une chimère, et quoique j'aie de

(1) *De la Certitude morale*, p. OLLÉ-LAPRUNE, p. 116-117.

« bonnes raisons d'en admettre l'existence, tant
« d'oppositions s'élèvent contre elle, tant de
« difficultés l'entourent qui fournissent des pré-
« textes à la résistance et au doute, tant d'ombres
« l'enveloppent où elle semble s'évanouir, que
« pour l'affirmer il y faut croire (1). » Puis comment se fait-il que la liberté, faculté qui m'est
donnée par Dieu, aille si facilement au mal?
comment la liberté humaine se concilie-t-elle
avec la toute-puissance et surtout la prescience
divine, etc.?

Il faut éviter le mal et faire le bien : la raison
et la conscience nous l'affirment. Mais qu'est-ce
que le bien et le mal en soi ? D'où vient que telle
action soit jugée bonne par les uns, mauvaise
par les autres ? « Au fond, toute la morale repose
« sur ce principe, qu'il y a des choses d'inégale
« valeur, qu'il y a des degrés de perfection, que
« l'esprit, si l'on donne à ce mot son plus grand
« sens, vaut mieux que la matière, et que
« l'homme est tenu de vivre selon l'esprit. Est-
« ce évident ? (2)

---

(1) OLLÉ-LAPRUNE, p. 118.
(2) OLLÉ-LAPRUNE, pp. 121-122.

Il y a une vie future : la raison le démontre.
« Mais les apparences sont contre cette autre
« vie : la seule vie que nous connaissions par
« expérience, c'est une vie accessible aux sens,
« c'est la vie dans le corps, et voici qu'il en faut
« admettre une qui se passe des sens et du corps.
« La raison même s'étonne. L'universelle mobi-
« lité dont elle a le spectacle lui suggérerait, ce
« semble, l'idée d'une transformation analogue
« à celle que subit la matière : rien ne se perd,
« rien n'est anéanti, soit, mais cette indestructi-
« bilité de la substance n'empêche point de pro-
« fonds changements et de continuelles méta-
« morphoses. Notre immortalité ne serait-elle
« pas tout simplement une immortalité sans
« souvenance, sans conscience? Notre être sub-
« sisterait sans que la personne subsistât. Ne
« serait-ce pas plus conforme à l'analogie des
« choses ? (1) »

(1) OLLÉ-LAPRUNE, p. 107.
Il nous faut ici faire une remarque importante. De la
présence de ces obscurités dans les démonstrations des
vérités morales, M. Ollé-Laprune conclut que ces vérités
sont à la fois objet de connaissance et « de foi morale ».
Ce mot de foi morale est-il bien choisi et bien exact ?
La foi suppose une vérité acceptée sur l'autorité d'un

Ainsi donc, pour toutes ces vérités de l'ordre moral, il y a mélange de lumières et de ténèbres, de clarté et d'obscurité.

Et si nous passons maintenant à l'apologétique chrétienne, nous retrouvons encore ce mélange, ce côté mystérieux et obscur.

L'Eglise donne les miracles pour preuves de son origine divine. Mais qu'est-ce que c'est qu'un miracle? Comment Dieu agit-il pour l'opérer? En quoi l'action de Dieu dans le miracle se distingue-t-elle de son action conservatrice continue? Sait-on bien quelle est la limite des forces naturelles, la limite des forces intellec-

témoin, qui est Dieu si l'on parle de la foi divine ou vertu de foi, qui est l'homme s'il s'agit de foi humaine. Or, ici, quel est le témoin, quelle est l'autorité? Il n'en est pas.

La volonté, il est vrai, doit intervenir pour l'adhésion à ces vérités morales ; mais cette intervention ne fait pas qu'il y ait foi; elle fait simplement que cette adhésion n'est pas contrainte.

Si cependant on veut appeler foi ou croyance cette adhésion, comme le fait M. Ollé-Laprune en maints endroits de son livre et surtout au chapitre III, comme s'en explique aussi clairement M. Rey à la page 183 de son *Etude sur la philosophie de M. Balfour*, soit. Mais n'y a-t-il pas inconvénient à employer un mot qui fait songer au fidéisme, et ne vaudrait-il pas mieux s'en abstenir?

tuelles et morales de l'homme, et est-il toujours
évident que tel fait dépasse ces forces naturelles?

Telles sont les vérités établies par l'apologétique, mais ces vérités si elles sont admises, si
quelque miracle est prouvé, il faut logiquement
admettre d'autres vérités et même des dogmes
mystérieux; et l'esprit qui étudie la démonstration chrétienne songe par avance à toutes ces
vérités, à tous ces dogmes qu'il faudra croire s'il
admet la démonstration elle-même. — La religion
chrétienne dont il veut se démontrer la vérité a
eu pour fondateur Jésus-Christ, homme et Dieu
tout ensemble dans une même unité de personne.
Mais cela peut-il être? La divinité peut-elle sans
cesser d'être elle-même, s'unir aussi étroitement
à la nature humaine? et celle-ci peut-elle, sans
être absorbée et annihilée, s'unir ainsi à la divinité? qu'elle est bien cette union du Dieu et de
l'homme?

Jésus-Christ a fondé une Eglise, société divine
et infaillible. Mais comment une société composée d'hommes faillibles est-elle assurée contre
l'erreur? qu'est-ce que l'infaillibilité? comment
Dieu la communique-t-il? quand l'Eglise l'exerce-
t-elle?

Puis ce sont tous les mystères chrétiens. Comment Dieu peut-il être un et trois, en sorte que des subsistances virtuellement distinctes de l'essence divine sont cependant réellement distinctes entre elles? — Comment Jésus dans l'Eucharistie a-t-il pu faire disparaître la substance du pain et du vin et conserver les apparences; cacher son corps et sa divinité et pourtant les y mettre tout entiers; ne pas abandonner le ciel, et pourtant être présent en des millions d'endroits à la fois ? — Comment un Dieu-homme a-t-il pu souffrir et mourir sur une croix ?

Oui, on ne peut le nier; il y a un continuel mélange de clarté et d'obscurité, de lumière et de ténèbres; et s'il est vrai de remarquer que ces obscurités sont surtout dans les vérités qui ne sont pas du domaine direct de l'apologétique, mais qui sont le christianisme lui-même dans sa doctrine, encore faut-il dire que ces vérités s'imposeront à tout esprit qui aura accepté la démonstration chrétienne, et que dans le cours même de cette démonstration, il ne peut s'empêcher de songer à elles.

Les sciences physiques, chimiques et naturelles ont, elles aussi, leurs obscurités; et les savants seraient embarrassés s'il leur fallait définir ce qu'est la pesanteur ou ce qu'est l'électricité, et dire leur nature intime. — Mais il y a entre ces vérités et les vérités morales une différence énorme, essentielle : les sciences physiques et chimiques constatent les faits, les réduisent en lois générales, mais ne disent rien de la nature intime des forces qu'elles étudient; le côté mystérieux et inconnu des faits n'est pas ce qu'elles affirment. Dans la démonstration morale et dans la démonstration chrétienne, ce qui est affirmé, c'est le côté mystérieux.

Sans doute, le fait affirmé est perçu soit par la raison, soit par la conscience, soit par les deux facultés réunies. Nous affirmons donc ce que nous voyons, et il n'y a pas acte de foi ni surplus d'affirmation, comme le dit M. Ollé-Laprune ; il y a un jugement fondé sur une perception ou rationnelle, ou de conscience.

Mais je ne puis affirmer l'existence de Dieu, sans affirmer son essence infinie et impénétrable et sans que l'idée mystérieuse d'un Etre éternel, qui est à Lui-même sa cause, se présente à mon esprit.

Je ne puis affirmer l'existence de l'obligation

morale sans affirmer l'existence du bien et du mal ; or la nature intime du bien et du mal est chose mystérieuse.

Je ne puis démontrer en apologétique, que tel fait est miraculeux sans affirmer que ce fait n'est pas dû aux forces naturelles, mais à la puissance de Dieu ; or cette intervention d'une cause surnaturelle est mystérieuse.

Que le point obscur dans ces vérités morales ne soit pas le point précis sur lequel porte l'affirmation, mais bien le pourquoi, le comment, la nature intime des faits affirmés (existence de Dieu, de la loi morale, etc.) et que le point affirmé, à savoir l'existence de ces faits, soit lui-même suffisamment clair, cela est vrai pour certaines vérités ; mais, parce que le pourquoi, le comment, la nature intime des faits sont nécessairement liés aux faits eux-mêmes, parce que leur affirmation est contenue dans l'affirmation même des faits, et que cette nature intime, ce pourquoi, ce comment sont obscurs et mystérieux, l'esprit reste sous cette impression d'obscurités et de mystères.

La comparaison ne peut donc être poursuivie entre les démonstrations morales et les démons-

trations des sciences physiques, chimiques ou
naturelles. Les lois de ces sciences, ou plutôt les
causes dont elles formulent les lois sont, il est
vrai, mystérieuses ; mais on n'en dit pas la
nature, on ne parle que de leurs effets, et l'on
peut en parler sans rien dire de la nature intime
des causes. Dès lors, l'esprit n'oppose pas de
résistance à ces vérités, comme il en oppose aux
vérités morales à raison de leurs obscurités.

Ces vérités présentent encore un second caractère. C'est que, si elles sont admises, elles doivent
l'être par l'âme tout entière. Elles doivent, en
effet, régler et maîtriser nos facultés morales ;
elles ne sont pas vérités de pure spéculation,
mais vérités pratiques.

Si j'admets, en effet, l'existence de Dieu, la
liberté, la loi morale, la vie future, il est évident
que ma vie doit être organisée et réglée autrement que si je n'admettais pas ces vérités. Le
principe de l'homme, sa fin, les lois qui régissent
sa volonté dans sa marche vers cette fin, tout
cela change par l'admission de ces vérités ; la
vie morale est toute transformée.

Et, si à ces vérités morales de l'ordre naturel
nous ajoutons les vérités morales que l'apolo-

gétique chrétienne nous dit être l'enseignement
d'un Dieu incarné pour nous, il est bien évident
que sous l'influence de ces nouvelles lumières,
la vie morale de l'homme doit se modifier et
prendre comme une nouvelle direction.

Or, il importe de remarquer ceci : c'est que,
toutes ces vérités morales élèvent, grandissent
l'homme, et le mènent jusqu'à la participation
de la vie divine, par les multiples degrés de la
perfection et de la grâce ; mais en même temps
elles gênent, elles pèsent sur notre volonté. Elles
élèvent notre nature, mais cette élévation elle-
même suppose l'effort et la lutte. Elles sont un
bienfait, mais elles demandent de la vaillance.

Telle est donc la situation du chercheur dans
cette démonstration des vérités morales et de la
vérité du christianisme. Il aperçoit des vérités
hautes, belles, mais qui, si elles sont admises,
doivent régler et soumettre sa volonté. Or, qui ne
sait pour les avoir éprouvées, quelles résistances
nous mettons à accepter des vérités qui doivent
nous gêner, quelle habileté nous employons à
les repousser, quelle facilité nous avons à trouver des raisons, des objections qui doivent, nous
l'espérons, les renverser et les détruire ?

Il en est ainsi dans la démonstration des vérités morales, et cela est encore facilité par les obscurités de ces vérités. Elles sont à demi voilées derrière quelques ombres; elles n'offrent pas cette pleine clarté, cette lumière sans nuage, qui captive les esprits. Leurs preuves sont sérieuses, valables; mais elles ne font pas évanouir toutes les obscurités et difficultés. En deux mots : l'esprit n'est pas ébloui et captivé par la pleine évidence; et pourtant la volonté recevra une règle si ces vérités sont admises. Dans ces circonstances, que se passe-t-il ?

Si l'âme du penseur qui essaie cette démonstration ne désire pas ardemment la vérité; si elle n'est pas à sa recherche en toute franchise; si elle est livrée à quelques passions, à quelques défauts que ces vérités morales, acceptées et admises, contrediraient et condamneraient; si elle est ouverte à l'orgueil qui craint toute humiliation, et en verrait une dans l'acceptation de vérités entourées de quelques ombres; si même elle ne lutte pas contre l'instinctive lâcheté qui nous fait redouter à l'avance tout précepte nouveau : l'assentiment n'aura pas lieu. La volonté attirera l'attention de l'esprit non pas sur les preuves, mais sur les difficultés; non pas sur les clartés, mais sur les ombres; non pas sur la beauté et la grandeur des vérités, mais sur leurs conséquences pénibles; et l'esprit n'adhérera pas à elles.

Il faut que la volonté, bien sincère et bien disposée, malgré les obscurités qui voilent en partie la vérité, malgré les conséquences gênantes et pénibles qui en découlent, accepte ces vérités, et leur donne son consentement; l'esprit, laissé libre, s'appuiera sur les preuves sérieuses et valables, et leur donnera son adhésion. Ainsi la vérité sera reconnue et acceptée; du même coup, il y aura assentiment de l'intelligence et consentement de la volonté.

Remarquons de suite que cette sorte de liberté, ou mieux que cette possibilité qu'ont la raison et la volonté de se refuser à la vérité, n'est pas égale dans toute démonstration.

Plus la vérité est complexe, mystérieuse, entourée d'obscurités et de difficultés, plus aussi cette possibilité est grande.

Plus la vérité est gênante pour nous, plus elle doit avoir de conséquences dans notre vie morale, plus notre volonté est portée à user de cette possibilité.

Voilà pourquoi certains penseurs ont dit que l'assentiment à certaines des vérités morales, était presque contraint. La vérité de l'existence de Dieu, par exemple, malgré son immense influence sur notre vie pratique, malgré les obscurités et les mystères qui l'entourent, aurait encore assez de clarté pour qu'il ne puisse y avoir un athée de bonne foi (1).

Quoiqu'il en soit de ces opinions, il est démontré, pensons-nous, que dans l'ordre des vérités morales, l'adhésion de la volonté est requise comme condition de l'assentiment complet et définitif de l'esprit; l'esprit ne voit bien ces vérités que si la volonté les accueille bien; il ne les admet que si la volonté les admet. Là surtout se réalise dans toute sa vérité, le beau mot de Platon : « Il faut aller au vrai, avec l'âme tout entière. (2) » Si l'on morcelle l'âme dans cette recherche, la vérité morale faite pour la personne morale, pour l'âme entière, ne sera pas reconnue.

(1) *Démonstration scientifique de l'existence de Dieu* FRÉMONT. 12 conférence, p. 402 et seq.
(2) PLATON. *Rép.* VII.

Il y a donc une part de vérité, dans l'affirmation de M. Brunetière; il est donc vrai, en un un certain sens, que Dieu et les autres vérités morales et religieuses doivent être senties par le cœur, pour que leur démonstration aboutisse à la certitude; il est donc vrai, en un certain sens, qu'il faut vouloir croire (1).

Mais ce qu'il importe de remarquer, et ce que nous allons établir au chapitre suivant, c'est que cette intervention de la volonté et du sentiment ne supprime pas, comme on le dit, les motifs rationels d'adhésion, ne détruit pas la valeur objective de la certitude morale.

(1) *Science et Religion*. BRUNETIÈRE. 2ᵉ édition, p. 61, note.

CHAPITRE IV

Maintenant que nous avons exposé la nature de la certitude morale, et mis en lumière, autant qu'il nous a été possible, le rôle de la volonté et des dispositions morales dans cette certitude et son assentiment, il nous reste à résoudre une question capitale : celle de la valeur de la certitude morale. Il nous faut montrer que malgré cette intervention des facultés morales cette certitude est véritable, et qu'elle jouit d'une vraie valeur objective.

C'est cette valeur objective que nient nos adversaires : pour les rationalistes, la certitude morale n'est qu'un état subjectif, personnel, digne de respect, la croyance ; mais de cet état nous ne pouvons donner les raisons, et nous ne pouvons le faire partager.

« Que voulons-nous dire, en effet, quand
« nous disons que nous *croyons* une chose ? que
« nous n'en n'avons pas une certitude entière ?
« Oui, peut-être, mais bien plutôt que nous ne
« pouvons pas la *démontrer*. Par exemple nous
« *savons* que deux et deux font quatre, ou que la
« terre tourne autour du soleil; nous *croyons*
« que la vie n'a pas son objet en elle-même, et
« qu'il ne saurait exister de loi morale sans
« obligation. En sommes-nous cependant moins
« sûrs? Tout au contraire, pourrait-on dire ! et,
« à ce propos, qui donc a fait observer qu'autant
« de persécutions les hommes ont courageuse-
« ment subies pour ce qu'ils *croyaient*, aussi
« peu en ont-ils supporté pour ce qu'ils *sa-*
« *vaient*. Aucun « martyr de la *science* » n'a
« aimé son supplice : combien de martyrs de la
« religion ont provoqué le leur ! Et dans l'usage
« quotidien, dans l'usage familier de la langue,
« regardons-y de près, que voulons-nous dire
« quand nous disons que nous *croyons* une
« chose ? Sinon qu'aux apparences rationnelles
« et aux pronostics de la science, nous opposons
« une autre certitude, plus intérieure, dont *nous*
« *ne pouvons pas déduire les raisons*, mais à la-

« quelle nous n'en accordons pas pour cela
« moins de confiance (1)? »

M. Ollé-Laprune expose aussi dans son livre
l'opinion positiviste sur ce point, en des pages
magnifiques auxquelles nous allons faire quelques emprunts. « Tout l'ensemble des vérités
« morales, religieuses, métaphysiques, est objet
« de foi... Le domaine de la foi est tout inté-
« rieur, tout personnel ; chacun y est maître,
« chacun y a droit au respect de tous ; chacun
« aussi a le devoir de n'en pas sortir, car, au
« nom de quoi irait-il imposer aux autres ce
« qu'il croît lui-même ? Les convictions sont
« purement *subjectives...* Besoin poétique ou
« luxe de l'âme, voilà ce qu'on peut dire de
« mieux de la foi... Les croyances peuvent être
« avantageuses et avoir je ne sais quel charme
« poétique ; sincères, elles méritent d'être ho-
« norées, et si elles demeurent scrupuleusement
« renfermées dans leur domaine, la liberté veut
« qu'on les respecte, au moins comme d'inno-
« centes manies. Mais un esprit viril sait ce
« qu'elles valent, et s'il les tolère en autrui, il

(1) *Les Bases de la croyance,* p. BALFOUR. Introd.
p. xxviii.

« s'en passe lui-même. D'ailleurs, elles restent
« rarement inoffensives, ajoute-t-on bien vite.
« Nées de la passion, elles sont envahissantes et
« prétendent dominer. Elles deviennent alors
« odieuses (1). »

Nous rejetons ces conceptions comme étant
contraires à la saine vérité, et nous allons prouver leur erreur.

Commençons par résoudre les difficultés que
l'on fait contre la valeur de la certitude morale ;
puis nous dirons quelle est la base métaphysique
et rationnelle de cette certitude ; enfin, nous
tâcherons de fixer la place qu'elle occupe dans la
hiérarchie des certitudes.

La première difficulté que l'on fait, nous la
connaissons déjà; mais il sera bon d'y revenir.
On la formule ainsi.

La certitude morale, nous l'avons dit, ne produit pas d'assentiment contraint et forcé. Or, la
certitude n'existe pas, et ne peut pas exister,
là où cet assentiment forcé n'existe pas. Son
absence, en effet, fait place à la liberté ; or la
certitude n'est pas la liberté d'adhérer, mais

(1) Ollé-Laprune, pp. 262-63-64.

l'adhésion ; ni une possibilité, mais un fait ; non un choix, mais une possession.

La réponse à cette difficulté a été, déjà, à plusieurs reprises, donnée, ou tout au moins indiquée. Si l'assentiment de la certitude morale n'est pas forcé, cela vient de ce que ces vérités morales doivent régler la volonté d'une part, et de ce que, d'autre part, à cause des obscurités qu'elles renferment, elles ne captivent pas l'esprit.

Cette absence d'assentiment forcé n'enlève pas, d'ailleurs, le caractère de vraie certitude à la certitude morale.

Nul, en effet, ne songe à refuser la certitude aux sciences physiques, chimiques et naturelles. S'il arrivait à quelqu'un de mettre en doute la certitude des faits et des lois de la physique et de la chimie, celle des observations sur lesquelles se fondent les sciences naturelles et les sciences connexes ; s'il arrivait à quelqu'un de nier l'existence de César et de Pompée, la réalité de la guerre de Cent ans, tous se récrieraient contre une telle théorie. Que n'a-t-on pas dit contre M. Brunetière, au sujet de sa brochure : *Science et religion*, encore qu'il n'attaquât pas

les découvertes de la science, mais ses préten-
tions exagérées ! Que ne dirait-on pas si nous
rayions la critique historique, la reine de notre
époque, du catalogue des sciences capables
d'atteindre la certitude !

Or, il suffit de la plus légère réflexion pour
constater que l'histoire, la physique, la chimie,
les sciences naturelles, etc., reposent, pour
une large part, sur le témoignage et l'autorité.

L'histoire est faite de témoignages ; les autres
sciences acceptent de multiples renseignements,
s'appuient sur de nombreuses observations, que
leur nature, ou le manque de temps, empêchent
de reproduire et de renouveler.

Mais, le témoignage ne produit pas d'assentiment forcé ; seules, les idées nécessaires, et
les perceptions immédiates, le produisent ; le
témoignage laisse toujours place à une erreur
possible, volontaire ou involontaire. Cette erreur
possible, on peut l'écarter, et généralement on
l'écarte avec une très grande probabilité, j'en
conviens ; mais, néanmoins, le témoignage ne
produit pas d'assentiment forcé.

Nul, pourtant, ne songe à nier la certitude de
ces sciences. Pourquoi, dès lors, rejetterait-on

la certitude de la démonstration des vérités morales et de la vérité chrétienne, pour cette raison qu'elle ne produit pas d'assentiment forcé? Nous sommes en droit d'établir ce dilemne : ou bien on ne peut rayer du domaine de la certitude la démonstration des vérités morales et de la vérité chrétienne, ou bien, si on le peut, il faut aussi rayer de ce domaine l'histoire, et une partie considérable des sciences physiques et des sciences naturelles.

Il n'y a plus alors de certains que les axiomes mathématiques, les premiers principes de la philosophie, et les faits d'expérience immédiate.

Une pareille conclusion fait clairement ressortir le peu de valeur de l'objection; celle-ci ne peut sérieusement être soutenue.

Les difficultés ne sont pourtant pas toutes résolues ; une seconde objection est faite contre la valeur de la certitude morale, nos adversaires l'exposent à peu près ainsi : « Vous dites que pour arriver à cette certitude morale, il faut certaines dispositions d'âme sans lesquelles la lumière ne se fait pas. Il y a là un cercle vicieux. La vérité est une; elle est faite pour tous et tous peuvent la saisir; si donc des disposi-

6

tions morales sont nécessaires, en sorte que la certitude des vérités morales ne puisse être acquise que par une catégorie d'hommes, c'est ce que cette certitude n'existe pas en soi ; ce que vous appelez vérité morale est créé de toutes piéces par les dispositions morales. Votre croyance est respectable (vous pouvez être dans l'illusion, quoique vous y soyez de bonne foi). Mais cette croyance est toute subjective, sans fondement rationnel. »

L'objection est spécieuse, il faut l'avouer ; mais néanmoins elle s'évanouit si l'on veut y réfléchir.

Oui, il faut des dispositions morales ; oui, il faut une volonté droite, débarrassée de l'orgueil et du sensualisme, et prête à suivre la vérité, coûte que coûte, pour que l'adhésion aux vérités morales et à la vérité chrétienne puisse se produire. Mais ces dispositions ne font pas la vérité ; elles rendent seulement capable de la saisir.

Dans toutes les sciences, certaines conditions, certaines dispositions, intellectuelles ou même physiques, sont requises ; et il n'est jamais venu à l'idée de personne de dire que ces conditions et ces dispositions créaient les vérités de ces sciences. Pour un mathématicien, le théorème du carré construit sur l'hypothénuse d'un triangle rectangle, est certain ; pour un enfant, qui n'a jamais étudié la géométrie, le même théorème sera une énigme indéchiffrable ; mais instruisez cet enfant de la géométrie, et bientôt il comprendra. La vérité du théorème dépendait-elle de la science de l'enfant ? — Non certes ; mais grace à une nouvelle disposition intellectuelle, la connaissance de la géométrie, il comprendra ce qu'il ne pouvait auparavant saisir.

Prenons encore un autre exemple. J'ai devant moi, à cinquante mètres, un arbre que j'aperçois très bien dans tous ses détails ; à côté de moi, se trouve un myope qui ne l'aperçoit pas. Il prend ses lunettes, et l'arbre lui apparaît. Les lunettes ont-elles créé l'arbre ? non certes, mais le myope s'est mis simplement dans les dispositions physiques nécessaires.

Ainsi en est-il des dispositions morales dans la certitude morale : ce n'est pas l'existence de la vérité qui dépend des dispositions de chacun, c'est la connaissance qu'on en peut avoir. Nous ne disons pas : par suite de ces dispositions la vérité sera; nous disons : elle sera connue; c'est fort différent.

Les dispositions morales font, tout simplement, que la volonté cherche la vérité avec ardeur, l'accueille avec joie, et l'embrasse, coûte que coûte. Le cœur, comme aussi la volonté, sont des facultés aveugles, qui sont conduites par une idée, un motif. Le motif d'adhérer aux vérités morales n'est pas un caprice non justifié; c'est le bien fondé, la crédibilité de ces vérités. Il n'y a pas dans leur démonstration pleine évidence; mais il y a de solides raisons. La volonté bien disposée, en toute bonne foi, se rend à ces raisons; tandis qu'une volonté hostile, mal disposée, détournerait l'intelligence de ces raisons sérieuses, la fixerait au contraire sur les obscurités de la démonstration, et par là, l'empêcherait de donner aux vérités morales son assentiment.

Non, vraiment, les dispositions morales ne créent pas la vérité; elles sont simplement des conditions indispensables pour l'apercevoir et y adhérer.

Le terrain déblayé par la solution de ces deux difficultés, il nous faut faire un pas de plus. Il n'y a vraiment de certitude que là où il y a du rationnel. Quel est donc le fondement *rationnel* de la certitude morale?

Procédons avec ordre. — Et d'abord, les vérités morales naturelles sont le fruit de la raison, de la conscience, de la volonté de l'âme tout entière. Elles sont ou des faits de conscience ou bien des raisonnements. Admettre leur vérité objective ou réelle, qu'est-ce faire? C'est regarder comme légitime le témoignage de nos facultés. Mais la rectitude foncière de nos facultés, n'est-elle pas un postulat nécessaire et premier de la raison?

C'est donc, en définitive, sur une vérité métaphysique, rationnelle, que repose la démonstration morale de ces vérités.

En est-il de même de la démonstration chrétienne? Celle-ci s'appuie sur les miracles. Or, au point de vue qui nous occupe ici, nous pouvons distinguer deux classes de miracles : ceux qui se passent dans l'ordre physique, ceux qui se passent dans l'ordre intellectuel et moral, c'est-à-dire dans l'ordre humain.

Pour établir la vérité d'un miracle physique, d'une résurrection, par exemple, ou d'une gué-

rison, il faut d'abord constater la réalité historique du fait ; puis, montrer que ce fait est absolument au-dessus des forces naturelles, ou tout
au moins dépasse celles qui étaient en jeu,
quand le fait a eu lieu ; enfin, le plus souvent, il
faut examiner le caractère moral du fait, et voir
s'il n'y a rien, dans ses circonstances et ses conséquences, qui trahisse l'intervention d'une cause
diabolique. Telle est bien, en effet, rapidement
esquissée, la marche suivie. Or, dans cette triple
démonstration, il y a un fondement rationnel.

La réalité historique du fait est prouvée par
l'expérience personnelle ou par le témoignage.
Mais la valeur de ces deux témoins repose sur
un postulatum de la raison : la rectitude foncière des facultés humaines.

Le caractère surnaturel du fait a pour fondement premier de sa démonstration un principe
rationnel évident : tout fait suppose une cause,
et il y a nécessairement proportion entre la cause
et l'effet, en sorte que tels effets ne peuvent
venir de telle cause.

Enfin, l'exclusion de l'acte diabolique repose
aussi sur un jugement rationnel : la vérité peut
être distinguée de l'erreur; la véracité, la sagesse,

la providence de Dieu ne peuvent pas permettre à l'imposture diabolique d'avoir toutes les apparences du vrai miracle divin.

Ainsi donc, dans chacune des propositions de cette démonstration, il y a une base rationnelle, métaphysique, sur laquelle repose toute la preuve.

Il en est de même des miracles qui se passent dans l'ordre humain. Prenons un exemple pour plus de clarté. — Je considère les martyrs chrétiens : je vois leur nombre, leurs conditions diverses ; j'admire leur foi, leur calme, leur constance, leur héroïsme ; je suis étonné de la grandeur des supplices qu'ils ont enduré ; plus étonné de l'absence des motifs humains qui auraient pu les soutenir ; enfin, quand j'ai tout examiné, tout pesé, je prononce qu'un tel héroïsme est au-dessus de l'homme, qu'il est un miracle. Pourquoi ? Un ordre humain où il n'y aurait que des héros n'est pas métaphysiquement impossible !

C'est vrai: mais je connais ma propre nature, avec sa puissance, ses capacités, ses faiblesses ; je connais la nature des hommes avec lesquels je vis ; et comparant la *faiblesse ordinaire* de l'homme à la force *constante et héroïque* des martyrs, je dis avec raison et certitude : Cette force est surhumaine.

Dans ce jugement, qu'y a-t-il ? deux choses : la croyance au témoignage de ma conscience sur ma nature et mes forces ; puis la croyance à l'identité substantielle de nature chez tous les hommes. Or, c'est la raison qui m'impose ce double jugement : la rectitude de mes facultés est un postulatum de la raison ; l'identité substantielle de nature chez tous les hommes est une induction nécessaire et logique qui peut se formuler ainsi : « Je suis tel essentiellement, donc tous les hommes sont tels essentiellement. »

Ici encore, affirmation de la raison, témoignages de la conscience, reposent au fond sur un fondement métaphysique.

La démonstration des vérités morales et de la vérité religieuse a donc une base métaphysique; nier sa valeur, la rejeter, c'est nier et rejeter les principes sur lesquels elle s'appuie ; c'est nier et rejeter des vérités rationnelles, évidentes et nécessaires.

La certitude morale n'est donc pas une certitude isolée, sans relation avec les autres certitudes. Très souvent, surtout dans la démonstration chrétienne, elle suppose la certitude historique et s'appuie sur elle ; et, en dernière analyse, elle s'appuie aussi sur la certitude métaphysique, dont les vérités lui servent de base. Quoique distinctes, ces différentes certitudes ne sont donc point séparées.

Mais quelle place faut-il assigner à la certitude morale dans la hiérarchie des certitudes ? et d'abord, y a-t-il une hiérarchie de certitudes ?

Si l'on ne considère la certitude que comme l'exclusion du doute, les diverses certitudes à ce point de vue sont égales ; le doute, détruit la certitude et ne laisse plus que l'opinion.

Mais il y a d'autres aspects, d'autres points de vue dans les certitudes ; il y a les vérités, les dispositions requises et enfin le sentiment de certitude, la conviction. Or, à ce triple point de vue, il peut y avoir et il y a hiérarchie.

Et d'abord, les vérités, objet de la certitude morale, ne l'emportent-elles pas sur celles qui sont l'objet de la certitude métaphysique et surtout de la certitude physique ? Elles touchent à ce qu'il y a de plus grand et de plus élevé : Dieu, la conscience humaine et leurs opé-

rations; elles s'adressent à la plus noble des
forces qui sont en ce monde : la volonté libre ;
elles ont pour but la plus grande œuvre possible :
l'élévation continue de la vie morale de l'homme.
Sous ces aspects, la certitude morale l'emporte
sur les autres certitudes, parce que les vérités
qui sont de son ressort l'emportent sur les autres
vérités.

Si l'on considère les dispositions requises par
les diverses certitudes, la supériorité est encore
pour la certitude morale. Entre des sens suffisamment exercés, une intelligence suffisamment cultivée et une âme véritablement bonne,
franche, ouverte à la vérité et désireuse de la
rencontrer, qui ne voit de quel côté est la supériorité ?

Et enfin, s'il s'agit de la conviction produite,
la supériorité n'est-elle pas encore pour la certitude morale ? M. Brunetière, dans quelques
lignes écrites en tête de ce chapitre, reconnaît
que la science a eu peu de martyrs et la « croyance »
beaucoup. C'est que dans la croyance ou plus
exactement dans la certitude morale, ce n'est
plus seulement l'esprit qui adhère à la vérité;
c'est l'esprit, c'est le cœur, c'est la volonté, c'est

l'âme tout entière. Il y a compénétration intime entre la vérité et l'âme; il y a conviction forte et entière; il y a adhésion plus complète, plus intime à la vérité.

En résumé, donc, malgré l'absence d'évidence absolue et de clarté complète dans la certitude morale, s'il fallait assigner un rang aux diverses certitudes, nous donnerions volontiers le premier à la certitude morale, parce qu'elle est celle des plus hautes vérités, celle des grands cœurs et des bonnes volontés, et parce qu'elle est l'adhésion de l'âme entière à la vérité.

Avant de terminer ce chapitre sur la valeur de la certitude morale, répondons encore à une dernière question : La certitude morale doit-elle être dite scientifique? Les démonstrations qui la produisent sont-elles scientifiques?

La réponse à cette question dépend évidemment du concept que l'on a de la science. Or, on ne s'accorde pas sur cette conception.

L'école positiviste ne donne au mot science qu'une signification très restreinte; elle n'applique ce mot qu'aux seules mathématiques et aux sciences expérimentales et naturelles. — Une telle définition chasse évidemment du rang des

sciences les vérités morales et leurs démonstrations. Mais cette définition est-elle exacte ?

Sans entrer ici dans le fond même de la question, remarquons seulement qu'une telle définition enlèverait le nom de science à l'histoire, à
la morale, à la jurisprudence, à la métaphysique,
c'est-à-dire aux plus hautes branches du savoir
humain. Une telle conclusion suffit à dire la
valeur de la définition, dont elle est la consé-
quence logique.

Mais en dehors des positivistes, d'autres encore refusent aux démonstrations de la vérité
morale et de la vérité apologétique le caractère
scientifique. « Ils sont bien rares à l'heure pré-
« sente, si même parmi ceux qui comptent il en
« existe quelques-uns, ceux qui professent que
« la science atteint la substance même du réel
« et l'être des choses. Les concepts scientifiques
« sont des symboles du réel, et ne sauraient se
« confondre avec lui. En un mot, d'ailleurs,
« qui dit tout pour qui comprend, le réel est
« singulier, et les *propositions scientifiques sont*
« *générales*. C'est aussi bien pour cela qu'il pa-
« raît répugner à beaucoup de bons esprits
« contemporains que l'apologie de la foi puisse

« être rangée au nombre des systèmes scienti-
« fiques, car la foi porte bien moins sur des
« propositions générales que sur des proposi-
« tions singulières et concrètes (1). » Et l'auteur
aurait pu ajouter que les preuves elles-mêmes,
proposées par l'apologétique pour faire accepter
cette foi, sont des faits particuliers et concrets.

Mais à ces réflexions nous opposerons seulement les deux observations suivantes. Et d'abord,
pourquoi les vérités particulières et concrètes
ne pourraient-elles être scientifiques, et pourquoi les vérités générales le sont-elles ? Car
enfin d'où viennent-elles ces vérités générales,
sinon du travail de la raison sur les données de
l'expérience ? Mais si ces dernières ne peuvent
être scientifiquement connues, comment la raison en tirera-t-elle des vérités générales certaines et scientifiques ? — Et puis, quelles sont
donc, d'après cette conception, les sciences vraiment scientifiques ? En dehors des mathématiques, qui sont des déductions nécessaires et
logiques d'axiomes ou vérités générales, existe-

(1) *Livres et Idées*, par Fonsegrive. *Quinzaine.* 1er jan-
vier 1897, p. 108.

t-il des sciences qui ne contiennent du concret
et du particulier ? On ne peut donc, ce nous
semble, refuser le caractère scientifique à la démonstration apologétique en vertu de cette conception.

L'auteur d'une remarquable étude sur *la
Philosophie de M. Balfour*, distingue deux sortes
de connaissance : la science et la croyance; puis
il définit ce qu'il entend par science. « Dans la
science, dit-il, il y a conception rigoureuse de
« rapports logiquement enchaînés, pleine lu-
« mière, entière évidence du commencement à
« la fin : il n'y a place que pour l'assentiment;
« le refuser serait folie (1). » La conclusion, c'est
que la démonstration de la vérité morale et de
la vérité apologétique n'est pas science, mais
croyance.

Mais n'est-ce pas là encore restreindre singulièrement la notion de la science? Quelles sont
les branches de connaissance où il y a « cette
pleine lumière, cette entière évidence du commencement à la fin, cet assentiment forcé ? »
Nous l'avons dit déjà maintes fois : en dehors

(1) *Philosophie de M. Balfour*, Rey, p. 178.

des mathématiques, des premiers principes philosophiques, des sciences expérimentales, on ne trouve pas cet assentiment forcé ; et encore y a-t-il dans la plupart de ces sciences absence de cette pleine lumière, de cette entière évidence.

Telle n'est pas, ce nous semble, la vraie définition de la science ; et le dernier mot n'est pas dit sur le caractère scientifique de la démonstration morale.

Dans un livre, dont le titre à lui seul révèle clairement la pensée de l'auteur, M. l'abbé Frémont a posé nettement la question : « Le chris-« tianisme est-il scientifique ? » Et il répond affirmativement (1). « J'observe, dit-il, qu'une « science, en général, est une série de connais-« sances raisonnées, logiquement enchaînées « les unes aux autres et qui toutes se déduisent « de principes évidents et de faits certains (2) ».

Appuyé sur cette définition, qui est celle des sciences physiques et naturelles, l'auteur démontre facilement que l'apologétique chrétienne repose sur des faits certains, les miracles ; des

(1) *Démonst. scientif. de l'existence de Dieu*, FRÉMONT. 14 confer., p. 465.
(2) *Id.*, p. 477.

principes évidents, les principes rationnels que
nous avons indiqués plus haut ; qu'elle consti-
tue un tout logique et enchaîné : la théologie
fondamentale ; qu'en un mot, elle est vraiment
scientifique.

Et il semble bien qu'il faut penser comme lui
sur ce point. Quelles que soient les controverses
qui peuvent exister sur le concept de la science,
si l'on refuse à la démonstration morale et à la
démonstration chrétienne le caractère scientifique, il faut refuser ce titre-là à la plupart des
connaissances que l'on nomme habituellement
sciences.

Si l'on n'exige pas, en effet, l'assentiment forcé
et la pleine clarté pour qu'il y ait science, la
démonstration morale mérite ce nom, car si elle
demande des dispositions morales, elle repose
au fond, comme les autres sciences, sur des faits
certains et des principes rationnels. — Si l'on
veut exiger cet assentiment forcé et cette pleine
lumière, il est vrai qu'elle n'est pas scientifique :
mais, il faut le dire bien haut, la plupart des
sciences doivent abandonner ce nom, et ne plus
parler de certitude.

Ce n'est pas pour nous un petit avantage que

cette conclusion extrême; ce n'est pas en faveur de la certitude morale une faible preuve de sa valeur. La raison ne peut nier le christianisme sans se nier elle-même, ni démolir la démonstration chrétienne sans démolir ses propres œuvres et ses propres constructions!

Concluons donc avec M. Ollé-Laprune « que « la certitude morale est une certitude fondée « en raison, d'un ordre à part, mais parfaitement « légitime, et qu'il est possible de la faire valoir « hors de soi, de la soutenir par des preuves « solides, de la communiquer par une méthode « à la fois rationnelle et morale. Non seulement « c'est une persuasion dont l'on se trouve bien, « que l'on garde comme un cher trésor, que « l'on souhaite aux autres comme un très grand « bien : c'est une conviction dont on établit la « valeur objective, et on peut l'imposer aux « autres hommes » (1).

1) *Certitude morale*, p. 392-93.

CHAPITRE V

« L'âme a sa manière de se tourner vers Dieu
« qui est sa lumière, parce qu'Il est la vérité; se
« tourner à cette lumière, c'est-à-dire à la vérité,
« c'est en un mot vouloir l'entendre..... L'âme
« qui veut entendre la vérité aime dès lors cette
« vérité que Dieu aime éternellement; et l'effet
« de cet amour de la vérité est de nous la faire
« chercher avec une ardeur infatigable, de nous
« y attacher immuablement quand elle nous est
« connue, et de la faire régner sur tous nos
« désirs » (1).

C'est de toutes les vérités morales qu'il faut
entendre ces belles paroles de Bossuet. Oui, il
faut d'abord désirer la vérité, souhaiter la trou-

---

(1) BOSSUET, *Connaissance de Dieu et de soi-même,*
ch. IV, § X.

ver. Et pour cela, il ne suffit pas de dire : Je
voudrais posséder la vérité; et ne rien faire. La
volonté est essentiellement active : si elle ne
fait rien pour arriver à la vérité, il y a danger
qu'elle agisse contre elle; s'il n'y a pas amour de
la vérité, il y a péril qu'il y ait haine; ou tout au
moins il y a indifférence, et dans l'un ou l'autre
cas, la vérité morale ne sera pas connue.

Il faut désirer la vérité; mais ce désir doit se
traduire par des conséquences pratiques, par des
efforts pour se placer dans les dispositions
nécessaires.

Il faut chasser l'orgueil qui se préfère à tout,
qui ne veut s'incliner que devant la lumière qui
contraint, qui rejette toute la vérité parce que
sur un point elle est obscure : un tel orgueil
empêche l'adhésion à des vérités qui nous
dépassent et sont mêlées d'obscurités.

Il ne faut pas davantage la volonté, traîtresse
à ses devoirs, lâche devant le précepte, fermée
au sacrifice, ouverte en revanche à la licence et
au plaisir, désireuse avant tout de la vie facile :
une telle volonté refuse son consentement aux
vérités morales qui la condamneraient, et
empêche l'esprit de donner son assentiment.

Et quand nous disons cela, à Dieu ne plaise, que nous ayons l'intention de condamner tous ceux qui ne partagent pas notre foi. Chez tous, il y a bien quelque faute contre la vérité ; chez plusieurs, chez beaucoup même la faute est grave ; chez d'autres, sincères et bien disposés, elle est plus légère, presque inconsciente, mais elle existe. Elle peut venir des préjugés d'éducation, de la culture intellectuelle et philosophique ; elle peut être l'instinctive lâcheté, l'humaine faiblesse que tous ressentent en face de devoirs nouveaux. La bonne volonté recherchera même ces résistances cachées, ces faiblesses secrètes, ces obstacles presque inconscients ; elle les cherchera avec ardeur parce qu'elle les sait nuisibles à la vérité, et elle les fera cesser.

Et dans cette humilité, dans cette bonne volonté, il faut évidemment entendre la loyauté qui se rend à la preuve, qui admet la vérité à mesure qu'elle paraît et dans la mesure où elle paraît, qui n'attend pas pour adhérer que toute obscurité ait disparu, que toute difficulté se soit évanouie, mais qui adhère à ce qui est démontré, malgré les ombres qui entourent cette démonstration.

A ces conditions, la lumière se fera, la vérité
resplendira, car ici comme ailleurs la parole de
Jésus-Christ est éternellement vraie : « *Quærite
et invenietis* » (1).

Mais il importe de le remarquer, il n'est pas
loisible à chacun de se mettre dans ces dispositions morales, ou de ne pas s'y mettre. Le devoir
de chercher la vérité est un devoir rigoureux qui
s'impose à tous, surtout quand il s'agit des vérités morales, qui sont la lumière directrice de la
vie. Rester indifférent à leur égard, c'est une
folie et un crime : une folie, car c'est librement
ne pas vouloir connaître la route par où l'on doit
passer ; un crime, car c'est manquer au plus
sacré des devoirs, celui de rechercher la
vérité morale sur laquelle repose toute la
vie.

Et si nous parlons de la vérité religieuse, de
la démonstration chrétienne, c'est une folie, et
c'est un crime plus grands encore ; car il y a là,
pour nous créer une obligation plus stricte et
plus sacrée toutes les humiliations d'un Dieu pour
apporter cette vérité aux hommes, et toutes les

(1) S. Luc, ch. xi, v. 9.

menaces de sa justice contre ceux qui, par leur faute, n'auront pas eu la foi (1).

C'est donc une obligation pour tous de rechercher la vérité morale et la vérité religieuse, en toute humilité d'esprit, en toute liberté de cœur, en toute générosité de volonté.

Faut-il se plaindre de cette obligation ? Faut-il regretter que la vérité morale ne puisse être acquise qu'au prix des sacrifices qu'elle impose ? — Mais ces sacrifices, cette lutte, ces efforts, grandissent l'homme, font son honneur et sa gloire. Il faut s'incliner, ici, avec respect et reconnaissance, devant l'admirable dessein de Dieu, qui a bien voulu associer l'homme à sa Toute-Puissance par la liberté. L'homme coopère aux œuvres de Dieu ; à son action créatrice et conservatrice par la part qu'il a dans la propagation, l'éducation du genre humain, par son influence intellectuelle et morale, par ses opérations industrielles sur les éléments qui composent le monde matériel ; il coopère à son œuvre surnaturelle par les sacrements, la parole, la prière, l'exemple ; il coopère en quelque sorte

(1) S. MARC, ch. XVI, v. 16.

à son action rémunératrice qui l'attend au delà
de la tombe, par ses mérites en cette vie; Dieu
l'a associé à toutes les œuvres qu'Il opère en
dehors de Lui-même. Il en est ainsi pour la
vérité: Dieu l'a faite, mais il faut que l'homme la
recherche, et que par ses dispositions et son
travail il la fasse jaillir, il la crée en lui-même.

Vues de ces hauteurs sereines de la philosophie et de la foi, les choses apparaissent plus
belles, plus harmonieuses, plus admirables ; et
s'il y a dans la recherche de la vérité morale du
courage demandé, des luttes exigées, l'homme
ne saurait s'en plaindre puisqu'il a pour première
récompense de ses efforts la grandeur et le
mérite qui résultent de sa coopération à l'œuvre
divine.

D'ailleurs, faut-il ajouter, il s'agit de se procurer un bienfait. Toute vérité est un bienfait,
parce que toute vérité délivre de l'ignorance ou
de l'erreur ; mais la vérité morale surtout est
libératrice, parce que, si on la suit, elle affranchit
encore des entraves de la volonté. Faut-il se
plaindre, si un tel bienfait ne peut être acheté
qu'au prix de quelques efforts?

Et puisque, aussi bien, notre étude a surtout

en vue la démonstration chrétienne, et que celle-
ci, si on la trouve valable, doit, avec le secours de
la grâce, amener à la foi, est-ce que le bienfait
de la foi n'est pas assez grand pour mériter
quelques efforts ?

Pour tout homme qui ne descend pas au rang
de la brute, il est un certain nombre de problèmes pour l'intelligence, de besoins pour le
cœur, qui demandent une solution et une
réponse. Sans elles, on souffre dans une inquiète
incertitude.

Or, il se trouve que, sur ces questions, la philosophie et les sciences gardent le plus souvent
le silence, ou si elles parlent quelquefois, c'est
pour hasarder des explications vagues, et sans
certitude. Que dit la philosophie et que disent
les sciences des grands problèmes, de l'origine,
de la destinée, de la souffrance, du mal moral
ou péché, de la mort, etc. ? Or ces problèmes,
on ne peut pas n'y pas songer; l'interrogation
à leur sujet reste sur nous comme un poids
pesant; il faut une solution.

D'où viens-je, et où vais-je ? Pourquoi suis-je
en ce monde ? Qui a fait le monde ? Que sont
toutes ces générations qui se succèdent rapide-

ment, qui se poussent les unes les autres vers la tombe, où elles se fouleront les unes les autres, insouciantes et affairées ? Quelle est ma mission en ce monde ? Quelle est la mission des empires et des sociétés qui disparaissent ou se transforment sous l'effort du temps ? — Ces questions et mille autres se pressent confuses et mêlées à l'esprit, aux heures surtout où l'isolement s'est fait autour de nous, et en nous la réflexion.

Et tandis que la science se débat en des hypothèses contradictoires, que pour expliquer l'origine du monde et de l'homme, elle en est réduite à faire sortir par l'évolution le plus du moins et le parfait du moins parfait, tandis qu'elle ne peut préciser le but de la vie ici-bas ; le chrétien, lui, tranquille dans sa « foi » explique le monde par l'action libre de Dieu ; il sait que l'homme créé par Dieu poursuit librement sa marche, par une route qu'il connaît, vers sa fin éternelle, Dieu lui-même.

L'intelligence s'arrête en face du mystérieux problème du mal, qui, en aveugle bourreau, torture innocents et coupables, vertueux et vicieux. D'où vient le mal ? Est-ce Dieu qui l'a créé, et s'Il l'a créé, que faut-il penser de sa Bonté ? Si

Dieu ne l'a pas créé, pourquoi le supporte-t-il ?
Pourquoi ne fait-Il pas au moins que seuls les
coupables soient sujets à la souffrance ?

Et la raison, déconcertée, dans la longue durée
des siècles a tantôt inventé deux dieux jaloux
l'un de l'autre, qui sèment l'un le bien, l'autre
le mal, et cherchent toujours à se vaincre sans y
parvenir jamais ; tantôt, avec le stoïcisme, elle a
nié la souffrance ; tantôt, et nous en sommes là,
elle a promis à l'humanité souffrante je ne sais
quel progrès indéfini, dont les étapes seront
marquées par la diminution de la douleur, et le
terme par sa suppression. Ajoutez à ces impuis-
sances quelques reflexions fort belles d'ailleurs
sur ce je ne sais quoi d'achevé que donne le
malheur ; constatez que la souffrance vient très
souvent de la liberté humaine, vous aurez à peu
près, en résumé, tout ce que la raison peut dire
sur ce grave problème du mal physique. C'est
quelque chose ; c'est beaucoup même si l'on
veut ; ce n'est pourtant pas assez.

La foi, elle, nous dit l'origine du mal physique au Paradis terrestre, elle nous dit que, par
la souffrance, l'homme se soumet à Dieu, qu'il
expie ses fautes et mérite le ciel ; elle proclame

la grande loi de l'expiation et la reversibilité des mérites, en vertu desquelles les innocents apaisent par leurs souffrances la justice divine qui menaçait les coupables; elle offre à l'homme l'idéal sublime d'un Dieu-Homme, victime volontaire, qui, par ses souffrances et sa mort, conquiert les cœurs et entre dans sa gloire : n'est-il pas vrai que, à cette lumière de la foi, la souffrance devient moins mystérieuse, moins repoussante, que même elle est aimée?

Mais le mal physique n'est pas tout; il y a le mal moral, les fautes graves ou légères qui échappent à notre volonté. Quand nous les avons commises, le remords se fait sentir dans la conscience; il nous faut le pardon. Mais où le trouver? Si on le demande à Dieu, aura-t-on l'assurance de l'avoir obtenu, et ne faudra-t-il pas, comme le poète, après avoir demandé ce pardon, faire cet aveu terrible et désespéré : « Mais je n'ai jamais su si j'étais pardonné! » (1) A ces tristes mais salutaires soucis de l'âme pécheresse, la foi, elle, offre un remède plus consolant et plus sûr, la confession. Et quand

(1) SULLY-PRUDHOMME, sonnet *La Confession.*

l'aveu de la faute a été sincèrement fait, et que
le ministre de Dieu prononce l'absolution, la
paix, la tranquillité rentrent dans cette âme, car
elle sait que, si grandes soient ses fautes, les mérites infinis du Fils de Dieu fait homme les ont
effacées. Quelle douce consolation, quelle douce
certitude !

Et la mort ! sera-t-elle pour ceux que nous
aimons un éternel adieu sans « revoir » possible ?
S'il y a un « revoir » possible, quel sera-t-il,
quelle sera la vie future ? Oh ! qu'elles sont dures
les morts, sans la consolation de la foi, sans la
certitude d'une vie meilleure, sans l'espérance de
revoir un jour pour ne plus les quitter ceux que
nous avons aimés, sans la foi à la Providence
qui n'abandonne pas ceux qui restent et souf-
frent sur la terre, sans la douce confiance que
ceux qui ne sont plus veillent sur nous et nous
protègent !

Et que d'autres bienfaits la foi ne nous
donne-t-elle pas, par ses lumières et ses secours !
De quel rayonnement de clartés et d'espérances
ne couvre-t-elle pas toute notre vie !

Et nous n'avons parlé que de ses moindres
bienfaits; nous n'avons rien dit des hauts mys-

tères qu'elle propose; nous n'avons pas rappelé qu'elle est une vertu surnaturelle, un don surnaturel de Dieu, et que, vivifiée par la grâce, elle s'épanouira un jour en la vision béatifique du ciel !

Oui, la foi est un immense bienfait, non seulement pour l'éternité, mais encore pour la vie présente, qu'elle éclaire, grandit et console.

Or pour acquérir un tel bienfait, pour arriver à cette vérité chrétienne dont l'influence est si salutaire, peut-on reculer devant quelques sacrifices de la volonté pour acquérir les dispositions morales nécessaires? Ces sacrifices ne sont-ils pas payés au centuple ?

Ainsi donc, ce devoir strict de se mettre dans les dispositions morales nécessaires pour trouver la vérité, Dieu nous l'a généreusement facilité et adouci, en l'entourant d'une véritable grandeur, et en lui donnant pour récompense, avec les mérites des efforts, le bienfait de la lumière reçue.

Aux considérations que nous venons de faire, et qui, ce nous semble, font ressortir les convenances de la certitude morale dans la démonstration de la vertu chrétienne, ajoutons dans le même ordre d'idées deux réflexions.

La démonstration apologétique, faite tour à tour d'histoire, d'exégèse et de philosophie, est très complexe; elle exige des labeurs énormes et des recherches considérables. Et pourtant, il fallait que chaque homme, quels que soient ses talents et ses loisirs, puisse reconnaître la certitude de cette démonstration : s'il en était autrement, la Providence pourrait être accusée de préférence injuste envers ceux qui peuvent faire à fond cette démonstration. Sans doute, l'homme du peuple peut accepter la démonstration chrétienne, et croire en elle sur l'autorité d'hommes plus instruits, qui lui affirment la valeur et la certitude de cette démonstration : et cela suffit à rendre sa foi raisonnable.

Mais n'est-il pas d'une suprême convenance que sur des questions où chacun ne répond que de lui-même, et desquelles dépendent la vie présente et l'éternité, chaque homme ne soit pas obligé d'accepter une opinion toute faite, mais puisse lui-même la contrôler?

Or tandis que tous les gens du peuple, la multitude, sont obligés de croire sur parole les savants, physiciens, chimistes, botanistes, géologues, etc., sans pouvoir refaire et contrôler

leurs expériences et leurs calculs, il se trouve
que, grâce à la certitude morale dont relève
l'apologétique chrétienne, grâce au rôle considérable qu'elle donne à la volonté, à la conscience,
à l'âme tout entière, chacun, si peu instruit
qu'il soit, peut se faire sur la vérité du christianisme, une conviction ferme et raisonnée.

Il n'est pas nécessaire, en effet, d'être savant
pour reconnaître que le christianisme répond
aux aspirations les plus hautes et les plus invin-
cibles de la nature humaine, et que cette conformité, si elle n'est pas une preuve, est déjà un
indice très probable de vérité : il suffit pour cela
de n'avoir pas faussé la nature. — Il n'est pas nécessaire pour reconnaître un miracle moral dans
le martyre héroïque de millions de chrétiens,
d'être un savant ; il suffit de connaître ses propres
forces, si on ne les a pas amoindries et viciées,
puisque la nature est identique en tous, et de
voir si ces forces peuvent expliquer ces martyres.
— Et s'il s'agit de distinguer le surnaturel véritable de ses contrefaçons diaboliques, j'avoue
que pour tel cas particulier, la chose peut être
délicate et difficile ; mais pour un ensemble de
faits apparemment miraculeux (et le christia-

nisme présente un ensemble de miracles), toute
raison comprend, toute âme dit bien haut, que
Dieu ne peut pas permettre à l'erreur de
tromper par des signes aussi nombreux et aussi
extraordinaires, les cœurs droits et bien disposés.

Ainsi donc, si la science ajoute de la profondeur à la démonstration chrétienne, tout homme
dont la nature n'est pas faussée, dont la volonté
est bonne et le cœur droit peut se faire cette démonstration, parce que cette démonstration est
morale. Et n'est-il pas d'une admirable convenance que, sur des questions de cette impor-
tance, il puisse en être ainsi ?

Si la vérité sur la terre ne devait pas être l'hé-
ritage et la possession de tous, si elle ne devait
pas être éternellement unie à chaque intelligence,
si par rapport à elle il devait y avoir des privilégiés et des heureux, si tous pouvaient l'atteindre, mais en fait quelques-uns n'y pas parvenir : il était convenable qu'elle fût le lot des
âmes humbles, pures et courageuses ; il était
convenable que les privilégiés fussent ici les
meilleurs ; il était convenable que là fût la vérité
où serait la vertu.

Pour que l'esprit vît la vérité, Dieu a voulu

que le cœur l'aimât. Il l'a faite suffisante pour être aperçue, assez cachée pour ne pas éblouir; frappante, mais non irrésistible. Qu'Il en soit béni !

Il en a fait ainsi le trésor des grands cœurs, non l'orgueil des grands esprits ; la récompense des volontés généreuses, non le triomphe des superbes raisons !

TABLE DES MATIÈRES

CHAPITRE III

DE L'ASSENTIMENT NON CONTRAINT DE LA CERTITUDE MORALE

CHAPITRE IV

VALEUR DE LA CERTITUDE MORALE

CHAPITRE V

DES DISPOSITIONS MORALES. — CONVENANCES DE LA CERTITUDE MORALE.

LYON. — IMP. EMMANUEL VITTE, 18, RUE DE LA QUARANTAINE.

www.ingramcontent.com/pod-product-compliance
Lightning Source LLC
Chambersburg PA
CBHW060558100426
42744CB00008B/1241